U0104650

中國道教文化研究

初 編

第 **9** 冊

道士開闢海上絲綢之路（下）

周 運 中 著

花木蘭文化事業有限公司

國家圖書館出版品預行編目資料

道士開闢海上絲綢之路（下）／周運中 著 — 初版 — 新北市：
花木蘭文化事業有限公司，2020〔民 109〕
目 2+144 面；19×26 公分
（中國道教文化研究 初編：第 9 冊）
ISBN 978-986-518-046-1（精裝）
1. 道士 2. 航海 3. 歷史
618   109000496

ISBN-978-986-518-046-1

9 789865 180461

中國道教文化研究
初　編　第九冊   ISBN：978-986-518-046-1

道士開闢海上絲綢之路（下）

作　　者　周運中
總 編 輯　杜潔祥
副總編輯　楊嘉樂
編　　輯　許郁翎、張雅淋　美術編輯　陳逸婷
出　　版　花木蘭文化事業有限公司
發 行 人　高小娟
聯絡地址　235 新北市中和區中安街七二號十三樓
　　　　　電話：02-2923-1455／傳真：02-2923-1452
網　　址　http://www.huamulan.tw 信箱 hml 810518@gmail.com
印　　刷　普羅文化出版廣告事業
初　　版　2020 年 3 月
全書字數　218125 字
定　　價　初編 20 冊（精裝）台幣 40,000 元
版權所有 · 請勿翻印

道士開闢海上絲綢之路（下）

周運中　著

第五章 《十洲記》的十洲眞相

　　前人對《十洲記》已有不少研究，但是我認爲仍未得到《十洲記》演變的眞相。不僅未能破解此書的形成過程，更未能考證出各島的原型。今本《十洲記》內容不多，但是日本人藤原佐世在平安時代寬平年間（889～898 年）所編的《日本國見在書目錄》說《十洲記》有十卷，這很可能是一個完整的版本。《十洲記》本來記載海外，所以很早就有完整的版本流入日本。從《上清外國放品青童內文》的長洲條多出的內容來看，今本《十洲記》是一個簡本。

　　李豐楙認爲，《隋書·經籍志》史部地理類：「《十洲記》一卷，東方朔撰。」史部雜傳類有《漢武內傳》三卷，其中原應有一卷是《十洲記》，唐代王懸河《上清道類事相》卷二引紫翠丹房、卷三引方丈之阜，俱題《漢武內傳》，前一條見於今本《十洲記》。《宋史·藝文志》神仙類作《十洲三島記》，突出了《十洲記》中除了十洲，還有三島。今本託名東方朔，一般認爲是六朝人僞託。李豐楙認爲，在《十洲記》之前，也有類似《五嶽眞形圖》的版本。按照《十洲記》記載的方位推測，原本不止三島。此書很可能是東晉王靈期配合《漢武內傳》造出，聚窟州的返生香源自西晉張華《博物志》。〔註1〕

一、漢代已有《十洲眞形圖》

　　我認爲，《十洲記》早於《漢武內傳》，因爲《漢武內傳》說西王母賜給漢武帝《五嶽眞形圖》時說：

〔註 1〕 李豐楙：《〈十洲記〉研究》，《仙境與遊歷：神仙世界的想像》，北京：中華書局，2010 年，第 264～313 頁。

　　昔上皇清虛元年，三天太上道君下觀六合，瞻河海之短長，察丘嶽之高卑，立天柱而安於地理，植五嶽而擬諸鎮輔，貴昆陵以舍靈仙，尊蓬丘以館眞人，安水神乎極陰之源，柄太帝乎扶桑之墟。於是方丈之阜，爲理命之室。滄浪海島，養九老之堂。祖瀛玄炎、長元流生、鳳麟、聚窟，各爲洲名，並在滄流大海玄津之中。水則碧黑俱流，波則振盪群精。諸仙玉女，聚於滄溟，其名難測，其實分明。乃因川源之規矩，睹河嶽之盤曲，陵回阜轉，山高瓏長，周旋委蛇，形似書字，是故因象制名，定實之號，畫形秘於玄臺，而出爲靈眞之信。諸仙佩之，皆如傳章。道士執之，經行山川。百神草靈，尊奉親迎。女雖不正，然數訪山澤，叩求之志，不忘於道。欣子有心，今以相與。當深奉愼，如事君父。泄示凡夫，必致禍及也。

　　這一段話中，極其概況十洲三島，祖、瀛、玄、炎、長、元、流、生、鳳麟、聚窟十洲之名，方丈、滄浪、扶桑、蓬丘島名，全同《十洲記》。顯然，《漢武內傳》晚於《十洲記》。

　　前人推測《十洲記》的原本類似《五嶽眞形圖》，《漢武內傳》這段話已經說得很清楚，道士用類似書法的畫法，畫出十洲三島的圖像，用以跋山涉水，秘不示人。

　　其實前人未曾注意，葛洪的《神仙傳》明確提到了《十洲眞形圖》，《神仙傳》卷七《劉京》條說：

　　劉京，字太玄，南陽人也，漢孝文皇帝侍郎也。後棄世從邯鄲張君學道，受餌朱英丸方，合服之，百三十歲，視之如三十許人。後師事薊子訓，子訓授京五帝靈飛六甲十二事，《神仙十洲眞形》諸秘要，京按訣行之，甚效，能役使鬼神，立起風雨，名致行廚，坐在立亡，而知吉凶期日。又能爲人祭天益命，或得十年，到期皆死。其不信者，至期亦死。周流名山五嶽，與王眞俱行，悉遍也。魏武帝時，故遊行諸弟子家。皇甫隆聞其有道，乃隨事之，以雲母九子丸及交接之道二方教隆，隆按合行服之，色理日少，髮不白，齒不落，年三百餘歲，不知能得度世不耳。魏黃初三年，京入衡山中去，遂不復見。〔註2〕

〔註2〕〔晉〕葛洪撰、胡守爲校釋：《神仙傳校釋》，第245頁。

劉京得到了《神仙十洲眞形》，就是《十洲記》的眞形圖。他周遊名山大川，事蹟也很符合。傳授《神仙十洲眞形圖》的人是薊子訓，《神仙傳》卷七《薊子訓》條說：

> 薊遠，字子訓，齊國臨淄人，李少君之邑人也。少仕州郡，舉孝廉，除郎中，又從軍拜駙馬都尉。晚悟治世俗綜理官無益於年命也，乃從少君學治病作醫法。漸久，見少君有不死之道，遂以弟子之禮事少君而師焉。少君亦以子訓用心專，知可成就，漸漸告之以道家事，因教令胎息胎食住年止白之法，行之二百餘年，顏色不老。〔註3〕

薊子訓是齊人，齊國正是海外地理學的淵源之地，所以《十洲眞形圖》確實出自齊地。《後漢書》卷八二下，說薊子訓是東漢末年人，證明《十洲眞形圖》很可能出自東漢晚期。

劉京傳說從西漢一直活到曹魏，從事蹟來看，應是曹魏人假託西漢。劉京和王眞一起遊歷山川，《神仙傳》卷六《王眞》條說：

> 王眞，字叔堅，上黨人也。少爲郡吏，年七十，乃好道，尋見仙經雜言，說郊間人者，周宣王時郊間採薪之人也……乃師事薊子訓，子訓授其肘後方也。魏武帝聞之，呼與相見，見眞年可三十許，意嫌其虛詐，定校其鄉里，解異口同辭，多有少小見眞者，乃信其有道，甚敬重之。郐孟節，師事眞十數年，眞以蒸丹小餌法授孟節，得度世。鄉里計眞已四百歲……孟節爲人質謹，不妄言，魏武帝爲立茅舍，使令諸方士。晉惠、懷之際人，故有見孟節在長安市中者。魏武帝時亦善招求方術，道士皆虛心待之，但諸得道者，莫肯告之以要言耳。〔註4〕

王眞和他的弟子郐孟節都見過魏武帝曹操，說明劉京確實是曹魏人，說明此前已有《十洲眞形圖》。這就證明《十洲記》形成比較早，早於《漢武內傳》等六朝之書。但是《十洲記》出現似乎不會太早，因爲東漢《神異經》和《十洲記》差別很大。劉京之前，似乎也沒有《十洲記》。

薊子訓託名是李少君弟子，既然是郎中、駙馬都尉，而不見於西漢史書，很可能也是東漢末年人，不過他確實是齊人，《十洲記》可能確實出自齊地，

〔註3〕〔晉〕葛洪撰、胡守爲校釋：《神仙傳校釋》，第264頁。
〔註4〕〔晉〕葛洪撰、胡守爲校釋：《神仙傳校釋》，第217～218頁。

也就是出自齊國航海者。

因為《十洲記》的一些文字內容可能是根據《十洲眞形圖》來寫，所以我們不能全信，也不能全不信。因為《十洲眞形圖》很可能沒有比例尺，所以《十洲記》所記各洲的面積很可能不可信，但是如果《十洲眞形圖》把十洲畫在一起，可以看出其相對大小，則《十洲記》各洲大小的差別仍然可信。

由此推想，《拾遺記》所記的五大神山也是如此，這些數字的誇大未必出自道士編造，不過是因為地圖缺乏比例尺。

還有必要說一下道教著名的《五嶽眞形圖》，日本學者井上以智為、小川琢治、小南一郎、英國學者李約瑟都認為《五嶽眞形圖》有重要價值。〔註5〕

前人一般追溯到葛洪的老師鄭隱，《抱朴子·登涉》記載鄭隱說：「上士入山，持《三皇內文》及《五嶽眞形圖》，所在召山神，及按鬼錄，召州社及山卿宅尉問之，則木石之怪，山川之精，不敢來試人。」余嘉錫甚至認為，《五嶽眞形圖》的作者是葛洪。〔註6〕潘雨廷提出，《眞誥》卷二十記載楊羲得到魏夫人長子的靈寶五符，包括《五嶽眞形圖》。根據西漢馬王堆漢墓出土的地圖來看，《五嶽眞形圖》出自戰國秦漢之際，所以才有西王母授《五嶽眞形圖》給漢文帝的傳說。〔註7〕

我認為這些都不是《五嶽眞形圖》最早的記載，最早的記載是東漢郭憲《漢武帝別國洞冥記》卷二：

> 李充，馮翊人也。自言三百歲，荷草畚，負《五嶽眞圖》而至。

帝禮待之，亦號負圖先生也。

這才是《五嶽眞形圖》最早的記載，傳說是西漢就有。雖然時間未必肯定，但是確實出自道士，而不是來自西王母。西王母之說出自《漢武帝內傳》，這是六朝人編造的書，價值遠遠不及郭憲的書。

如果郭憲所說為眞，則《五嶽眞形圖》不是小南一郎推測來自六朝的南方，而是北方。我認為《五嶽眞形圖》的五嶽，有四個在北方，應該出自北方。劉京是南陽人，王眞是上黨人，薊達是臨淄人，他們都是北方人。如果《十洲眞形圖》來自齊人薊達，則仍然是上古燕齊方士的傳統。從《十洲眞

〔註5〕〔日〕小南一郎：《五嶽眞形圖に就いて》，《內藤博士還曆祝賀：支那學論叢》，弘文堂書房，1926年。小川琢治：《支那歷史地理研究》，弘文堂書房，1928年。

〔註6〕余嘉錫：《四庫提要辯證》，北京：中華書局，1980年，第1130～1135頁。

〔註7〕潘雨廷：《論「五嶽眞形圖」》，《道教史發微》，第202～209頁。

形圖》的成書時間來看，《五嶽眞形圖》遠遠要早，很可能確實是在西漢已經成書。

二、《十洲記》的航海針位

因爲先有《十洲眞形圖》，所以《十洲記》記載的各洲島不僅有方位，有面積，有到大陸的距離，甚至還有羅盤針位。各條如下：

祖洲近在東海之中，地方五百里，去西岸七萬里。

瀛洲在東海中，地方四千里，大抵是對會稽，去西岸七十萬里。

玄洲在北海之中，戌亥之地，方七千二百里，去南岸三十六萬里。

炎洲在南海中，地方二千里，去北岸九萬里。

長洲，一名青丘，在南海辰巳之地。地方各五千里，去岸二十五萬里。

元洲在北海中，地方三千里，去南岸十萬里。

流洲在西海中，地方三千里，去東岸十九萬里。

生洲在東海丑寅之間，接蓬萊十七萬里，地方二千五百里，去西岸二十三萬里。

鳳麟洲在西海之中央，地方一千五百里。

聚窟洲在西海中，申未之地。地方三千里，北接崑崙二十六萬里，去東岸二十四萬里。

滄海島在北海中，地方三千里，去岸二十一萬里。海四面繞島，各廣五千里。水皆蒼色，仙人謂之滄海也。

方丈洲在東海中心，西南東北岸正等，方丈方面各五千里。

扶桑在東海之東岸，岸直，陸行登岸一萬里，東復有碧海。海廣狹浩汙，與東海等。

蓬丘，蓬萊山是也。對東海之東北岸，周回五千里。外別有圓海繞山，圓海水正黑，而謂之冥海也。無風而洪波百丈，不可得往來。

崑崙，號曰昆峻，在西海之戌地，北海之亥地，去岸十三萬里。

　　我認爲這是中國古代最早的航海針位，甚至可以證明中國海船很早就使用指南針。指南針用於航海非常簡易，現存文獻最早記載航海使用指南針雖然晚到宋代，但這是因爲宋代文獻比前代突然增多，宋代以前文獻忽略而已。

　　戌亥是西北，丑寅是東北，申未是西南，辰巳是東南，此時的羅盤僅有十二地支，一格 30 度。

　　我已經證明，陶弘景《眞誥》卷九引《智慧經》已經記載了方諸、湯谷、會稽的相對針位，時代緊接《十洲記》。可見航海針位在中國史書一直有記載，不可能晚到宋代才有。

　　唐代航海也很發達，前人從未發現，唐代人已經認識到了時差，唐代方干《送僧歸日本》詩云：「四極雖云共二儀，晦明前後即難知。西方尙在星辰下，東域已過寅卯時。大海浪中分國界，扶桑樹底是天涯。滿帆若有歸風便，到岸猶須隔歲期。」〔註8〕說到從中國到日本，中國還在黑夜時，東方已經是寅時卯時，也即四點到七點。這說明唐代中國人已經發現了時差，因爲航行很快，所以才能發現。

　　唐代劉得仁《送新羅人歸本國》詩云：「雞林隔巨浸，一住一年行。日近國先曙，風吹海不平。眼穿鄉井樹，頭白渺瀰程。到彼星霜換，唐家語卻生。」〔註9〕說新羅因爲靠近太陽，所以天亮比中國早。原因解釋雖然錯了，但是所說現象卻是正確，東方確實天亮更早。

　　如果不是有這兩首詩，我們還不知唐代人早已知道時差。而前人甚至不注意這兩首詩，可見爲史書漏記的事太多。因爲普通人不出海，儒生不注意收集科技和航海史料，致使大量珍貴技術漏記。

　　道士爲何注意針位呢？因爲道士重視堪輿，需要使用羅盤，所以他們自然比一般人更重視針位。

　　從《十洲記》現在保留的各洲島的方位、面積來看，確實比《神異經》進步，說明是漢末魏初之書，此時是大航海的時代，也是道教大發展的時代。

三、《十洲記》原本僅有東南十洲

　　其實《十洲記》也有一個逐漸成書的過程，宋代人稱爲《十洲三島記》，說明宋代人的學問確實空疏。此書最末還有崑崙山，而且十洲之下有滄海、

〔註8〕《全唐詩》卷六百五十二，第 7495 頁。
〔註9〕《全唐詩》卷五百四十四。

方丈、扶桑、蓬丘四個島，則有十洲五島。再看，方丈稱爲方丈洲，則又不分洲、島，可見此書體例很怪。

我認爲，書中的鳳麟洲、聚窟州、崑崙山都是後人增加，因爲這三條的內容太長，其他各條的內容太短，體例截然不同。

鳳麟洲、聚窟州、崑崙山這三條都在西海，如果我們把這三條去除，則在西北的僅有四條：玄洲、元洲、流洲、滄海島。下文將論證，滄海島也在東海，即今澎湖的望安島。則在西北的僅有三條，而且玄、元接近，都在北海，很可能是一條分化，都是源自五行之中的北方玄武。所以玄洲、元洲很可能是後人增加西海鳳麟洲、聚窟州、崑崙山時，爲了達到四海平衡，而增加了北海兩條，又把東海的滄浪島篡改爲北海。滄是黑，也對應玄武，所以後人望文生義，改在北海。再看全書開頭還說：「流洲在南海。」姑且不論流洲是否原本在南海，剩餘的條目基本全在東南了。

也就是說，《十洲記》原本的十條是：祖洲、瀛洲、炎洲、長洲、流洲、生洲、滄海、方丈、扶桑、蓬丘。

所以原本不存在洲和島之分，十洲全在東南，出自東南的航海者。後來有人，很可能是中原人，看見十洲全在東南，認爲不平衡，於是增加了北海二洲，改東南滄浪洲在北海。又把南海的流洲改到西海，增加了西海三洲。於是看似平衡，幸好篡改的人未把原先的條目刪除。

我說《十洲記》原本僅有東南的十個島，因爲這十個島可以根據此書內容，結合《拾遺記》卷十《諸名山》、《眞誥》和現代自然地理，完全考證出來，證明確實都在東南。

需要補充說明的是，雖然鳳麟洲、聚窟州是後人增加，但是也有依據。不僅內容可考，而且名字也有出處。

鳳麟洲在西海中央，又有弱水，顯然是指大秦（羅馬）。因爲《史記·大宛列傳》說：「安息長老傳聞條枝有弱水、西王母，而未嘗見。」弱水、西王母原本在中國西北，但是漢代人已經傳說在西方。《三國志》卷三十，裴松之注引魚豢《魏略》說：「前世又謬以爲弱水在條支西，今弱水在大秦西。」〔註10〕說明東漢時，已經傳說弱水在羅馬。

鳳麟即羅馬的名字 From 的音譯，羅馬 Rom 被粟特人稱爲 Frum，中國人

〔註10〕 〔晉〕陳壽：《三國志》，第 860 頁。

譯爲拂菻，〔註11〕鳳麟是道士故意改用的道教化名字。

聚窟州在申未，也即西南，原文明確說在崑崙山的南面，出產各種香料，應是印度。出震檀香，震檀即震旦，是印度人對中國的稱呼。

但是聚窟的讀音不能對應印度的名稱，聚窟應是粟特 Sogdian 的異譯。上古音的聚是從母侯部 dzio，窟是見母物部 kiuət，讀音非常吻合。因爲從印度到中國，要經過粟特，香料是粟特商人販賣到中國。漢代就有很多香料輸入中國，不必抄錄張華《博物志》。張華《博物志》的資料，反而應該來自更早的書籍。從此書混淆粟特、印度來看，成書較早，應是在漢代。

從拂菻、粟特可以證明，《十洲記》確實是東漢到曹魏時期出現，此時大秦和粟特商人大量來到中國，已經和西漢大不一樣。關於粟特人來華，前人已有考證，本文不再贅述。

四、人鳥山來自印度須彌山

人鳥山是後世道教著名的仙山，前人已經指出，最早出自《十洲記》，聚窟州說：

> 洲上有大山，形似人鳥之象，因名之爲神鳥山。山多大樹，與楓木相類，而花葉香聞數百里，名爲反魂樹……名曰驚精香，或名之爲震靈丸，或名之爲反生香，或名之爲震檀香，或名之爲人鳥精，或名之爲卻死香。一種六名，斯靈物也。香氣聞數百里，死者在地，聞香氣乃卻活，不覆亡也。以香薰死人，更加神驗。徵和三年，武帝幸安定。西胡月支國王遣使獻香四兩……帝崩於五柞宮，已亡月支國人鳥山震檀、卻死等香也。

但是前人未曾發現，聚窟州的主要內容是在西亞和南亞，《十洲記》的地理多有根據，所以人鳥山也有來源。下文說月支國人鳥山，但是這不一定說明人鳥山在月支國，因爲也有可能經過月支商人轉手。但是月支人南侵，建立貴霜帝國，已經到今印度北部。

我認爲，人鳥很可能源自印度，即大鵬金翅鳥，有時畫成人形，被早期接觸到中國人稱爲人鳥，又被道教吸收。也有可能源自中亞粟特人，粟特人原來流行拜火教，也有人頭鳥的形象。大鵬金翅鳥住在須彌山，佛教文獻記載須彌山正是有各種香木。

〔註11〕〔美〕勞費爾著、林筠因譯：《中國伊朗編》，第 283 頁。

　　王皓月認爲，早期道教經典不提《十洲記》，《十洲記》的人鳥山故事特別長，所以《十洲記》的人鳥山是抄《人鳥五符經》。《雲笈七籤》卷八十《玄覽人鳥山形圖》相當於陸修靜《人鳥五符經》的人鳥部分，編纂年代是元嘉年間。南宋時，人鳥部分獨立，成爲《玄覽人鳥山經圖》。而原本《人鳥山形圖》缺失，添加了後序與《太上人鳥山眞形圖》。〔註12〕

　　我認爲正好相反，前人未曾發現《十洲記》成書遠比《人鳥五符經》早，未曾發現《十洲記》不僅有豐富的情節，而且有實際根據，漢武帝確實能得到西域的香料。但是《人鳥山形圖》根本不提漢武帝，卻加上西王母、元始天王等各種神仙，已經是高度抽象的圖書，應該是從《十洲記》的傳說衍生而來。《十洲記》對道書的編纂，影響很大。《漢武帝內傳》有十洲的概況括述，說明也參考了《十洲記》。

　　《十洲記》說：「洲上有大山，形似人鳥之象。」《人鳥山形圖》：「無數諸天，各有人鳥之山。有人之象，有鳥之形。」這句話明顯是把《十洲記》的人鳥之象分開鋪排，但是這種改編卻違背了原義，因爲人鳥不能分開。改編的話，使人誤以爲這些山，有的像人，有的像鳥。

　　我已經論證《眞誥》的很多地理內容與《十洲記》吻合，還有很多早期道書不傳，所以不能說早期道教經典不提《十洲記》。

　　陶弘景《眞誥》卷二十說：

> 楊書《靈寶五符》一卷，本在句容葛榮間。泰始某年，葛以示陸先生。陸既敷述《眞文赤書》、《人鳥五符》等，教授施行已廣，不欲復顯出奇逷，因以絹物與葛請取，甚加隱閉。

　　陸修靜根據《靈寶五符經》，造出《人鳥五符經》。陸修靜整理了道書，也注重融合佛、儒思想，所以才吸納了人鳥山的思想。

　　《玄覽人鳥山經圖》：「太上玉晨大道君曰：人鳥山名甚多，或名須彌山，或名玄圃山，或名大地金根山，或名本無妙玄山，或名元氣寶洞山，或名神玄七變七轉觀天山。一山七名，總號玄覽。」已經明確說人鳥山就是須彌山，就是玄圃山。玄圃即懸圃，也即崑崙山。《淮南子·地形》：「崑崙之丘，或上倍之，是謂涼風之山，登之而不死。或上倍之，是謂懸圃，登之乃靈，能使風雨。或上倍之，乃維上天，登之乃神，是謂太帝之居。」

〔註12〕王皓月：《析經求眞：陸修靜與靈寶經關係新探》，北京：中華書局，2017年，第143～169頁。

《人鳥山形圖》開頭說：「人鳥山之形質，是天地人之生根，元氣之所因，妙化之所用。」佛教說須彌山是世界中心，阿耨達山是南瞻部洲中心。其實須彌山、阿耨達山的原型就是亞洲中部的青藏高原、帕米爾高原，也即中國人所說的崑崙山，其東西南北四大洲即亞洲的四大區域。

《人鳥山形圖》又說：「其山之上，元始天王所居，其山之下，眾聖眞仙所處。」完全符合中國崑崙山和印度須彌山是神仙所居的說法，崑崙山、須彌山都分爲很多層級。

《人鳥山形圖》又說：「其山之氣生五色之水，名反魂，流液成脂，名曰震檀之香。西王母初學道，詣元始天王，三千年道成德就，應還崑崙之山。臨去辭元始天王，共刻銘人鳥山上虛空之中，製作文字。字方一丈，懸在空中，以接後學，於今存焉。九老仙都君、九氣丈人，圖畫山形，佩之於肘。」

崑崙山在《山海經》中就出赤水、黑色、青水、黃水、白水五大河，其中有三條對應佛典所說阿耨達山所出的四大河，中國人加上了黃河，孫吳康泰、東晉道安都發現崑崙山即阿耨達山，我已有考證。〔註 13〕西王母也住在崑崙山，所謂山上的文字，或許是岩畫或商人、使者的題刻，今巴基斯坦北部的山谷就有古代旅人題刻。

崑崙山在《山海經》、《穆天子傳》中是黃帝等很多神仙所居，但是在六朝道教文獻中看不到很大的影響，反而被來自印度的人鳥山取代，說明六朝江南人雖然開拓了海外仙山，但是對中國西北不太熟悉。當然，在某些流派中，崑崙山仍然有重要地位，《太平御覽》卷六百七十八引《茅君傳》，列舉道教洞天，崑崙山排在蓬萊、瀛州、方丈、滄浪、白山、八停等海上仙山之前。不過這種名義上的排列仍然不能匹配崑崙山在上古中原人心目中的地位。或許六朝還有典籍說到崑崙山，未能流傳。

王皓月比較了《玄覽人鳥山經圖》和《洞玄靈寶玉京山步虛經》，認爲《人鳥山經圖》的後序抄了《玉京山步虛經》。《玉京山步虛經》的《太上玄一第三眞人頌》：「時降崑崙山，逍遙憩蓬萊。」敦煌所出的《眞一自然經決》：「時降須彌山，逍遙憩蓬萊。」《眞一自然經決》是《五眞人頌》的由來，保留了佛教的色彩。〔註 14〕

我認爲，這是因爲崑崙山本來就是須彌山，玉京山就是崑崙山，因爲中

〔註 13〕周運中：《〈山海經〉崑崙山位置新考》，《中國歷史地理論叢》2008 年第 2 期。
〔註 14〕王皓月：《析經求眞：陸修靜與靈寶經關係新探》，第 249～256 頁。

國上古人就知道玉出昆岡。玉京山就是玉岡山，也即崑崙山。京是岡的同源字，上古音的京是見母陽部 kyang，岡也是見母陽部 kang，讀音基本一樣。京的字形就是山崗，《南齊書・州郡志上》南徐州：「南徐州，鎮京口。吳置幽州牧，屯兵在焉。丹徒水道入通吳會，孫權初鎮之。《爾雅》曰：『絕高爲京。』今京城因山爲壘，望海臨江。」京口（今鎮江）因爲在山崗得名。

玉京山的形象主要來自須彌山，《玉京山步虛經》：「諸天聖帝王、高仙眞人無鞅數眾，一月三朝其上，燒自然、栴檀、反生靈香，飛仙散花，旋繞七寶玄臺三周匝，誦詠空洞歌章。是時諸天奏樂，百千萬妓……山上七寶華林，光色煒燁，朱實璨爛，悉是金銀、珠玉、水晶、琉璃、硨璖、碼碯。」

道教吸收一些佛教內容，非常正常，其實還不止人鳥山。日本學者小林正美提出，劉宋時期天師道吸取了大乘佛教的思想，創造了三天思想，這是道教史上的重大改革。〔註15〕

因爲人鳥山來自須彌山，所以我們不能把《人鳥山形圖》和《五嶽眞形圖》混爲一談。五嶽的地圖可以被中原的道士實測，須彌山的地圖不能實測。有的人沒有仔細研究，自然不能區分，用《人鳥山形圖》來懷疑《五嶽眞形圖》的可信度，認爲《五嶽眞形圖》出自東晉，作者很可能是葛洪，〔註 16〕這樣的觀點自然不能成立。

五、東南十洲眞相逐一揭示

第一條祖洲，是徐福後代所居，原文說：

> 祖洲近在東海之中，地方五百里，去西岸七萬里。上有不死之草，草形如菰苗，長三四尺，人已死三日者，以草覆之，皆當時活也，服之令人長生。昔秦始皇……乃使使者徐福發童男童女五百人，率攝樓船等入海尋祖洲，遂不返。福，道士也，字君房，後亦得道也。

上文說過，《三國志》、《後漢書》記載孫權派人尋找徐福所居的亶洲，附近有紵嶼。祖洲音近紵嶼，或是九州島。所以距離大陸比較近，原文七萬里的具體數字不可信，但是在《十洲記》中這是最靠近大陸的島嶼。

〔註15〕〔日〕小林正美著、王皓月譯：《新範式道教史的構建》，齊魯書社，2014 年。
〔註16〕辛德勇：《記東方朔〈五嶽眞形圖序〉存世最早的寫本》，《九州》第五輯，北京：商務印書館，2014 年，第 191～211 頁。

　　瀛洲，上文已經論證就是孫吳時的夷洲，也即臺灣島。不過此處還要說明，應是北臺灣。我已經論證，孫權派遣衛溫、諸葛直的船隊到達臺灣島的北部，很可能在今臺北到苗栗一帶。而一直到明代，中國人和歐洲人都誤以為臺灣是兩個島。〔註17〕所以《十洲記》的瀛洲是北臺灣，而下文的扶桑是南臺灣。瀛洲距離大陸七十萬里，應是七萬里之訛。瀛洲和祖洲到大陸的距離相同，說明航海的起點很可能在舟山群島。舟山島去九州島，直接向東，但是去臺灣，則需要先向南到福建東北部，再渡海，所以舟山到九州島和到臺灣島的距離相等。

　　第三條炎洲，原文說：

> 炎洲，在南海中，地方二千里，去北岸九萬里。上有風生獸，似豹，青色，大如狸。張網取之，積薪數車以燒之，薪盡而獸不然，灰中而立，毛亦不焦。斫刺不入，打之如灰囊。以鐵錘鍛其頭，數十下乃死。而張口向風，須臾復活。以石上菖蒲塞其鼻，即死。取其腦和菊花服之，盡十斤，得壽五百年。

　　火林山的火浣布，即火山所出石棉。《太平寰宇記》卷一七七《四夷六》火山國條，引康泰《扶南土俗傳》：「加營國北，諸薄國西，山週三百里，從四月生火，正月火滅，火燃則草木葉落，如中國寒時，人以三月至此山取木皮，績為火浣布。」〔註18〕加營之西北即蘇門答臘島的西北部，《太平御覽》卷八百二十引《南州異物志》說：「斯調國有火洲，在南海中，其土有野火，春夏自生，秋冬自死。」勞費爾在 1915 年撰文《石棉與火怪》，以為斯調即葉調，火洲即火山，火浣布及傳說的火鼠毛是石棉。卷七八七引萬震《南方異物志》曰：「斯調國，又有中洲焉。春夏生火，秋冬死。有木生於火中，秋冬枯死，以皮為布。」中是火字之誤。卷八百二十引《異物志》曰：「斯調國有大洲在南海中。其上有野火，春夏自生，秋冬自死。有木生於其中而不消也，枝皮更滑。秋冬火死，則皆枯瘁。其俗常以冬採其毛以為布，色小青黑。若塵垢污之，便投著火中，則更鮮明也。」《梁書》卷五十四《海南諸國傳》說：「又傳扶南東界即大漲海，海中有大洲，洲上有諸薄國，國東有馬五洲。復東行漲海千餘里，至自然大洲。其上有樹生火中，洲左近人剝取其皮，紡績作布，極得數尺以為手巾，與焦麻無異而色微青黑。若小垢洿，則投火中，

〔註17〕周運中：《正說臺灣古史》，第 193～203 頁。
〔註18〕〔宋〕樂史撰、王文楚等點校：《太平寰宇記》，第 3380 頁。

－164－

復更精潔。或作燈炷，用之不知盡。」〔註19〕

自然是自燃，然是燃的古字。火中的布，即後世所謂的火浣布，即石棉。《御覽》卷七八六引《外國傳》曰：「扶南之東漲海中有大火洲，洲上有樹，得春雨時皮正黑，得火燃樹皮，正白。紡績以作手巾，或作燈注，用不知盡。」自燃洲、斯調在今爪哇島，有很多火山，出產石棉。〔註20〕

風生獸，其實是水獺，《通典》卷一八八勃焚洲引《抱朴子》云：「勃焚洲在南海中，薰綠水膠所出。膠如楓脂矣，所以不可多得者。止患猛〔犬屈〕獸啖人。此獸大者重十斤，狀如水獺，其頭身及他處了無毛，唯從鼻上以竟脊至尾上有毛，廣一寸許，青毛長三四分許，其無毛處則如韋囊。人張捕得之，斬刺不傷，積薪烈火，縛以投火中，薪盡而此獸不焦。須以大杖打之，皮不傷而骨碎都盡，乃死耳。」勃焚洲即義淨《大唐西域求法高僧傳》的渤盆國、《南海寄歸內法傳》的盆盆洲、《梁書》盤盤國，在今泰國宋卡。〔註21〕

雖然葛洪是晉人，但是炎洲這條未必出自晉，而很有可能來自漢末三國，因為孫權時出使扶南的朱應、康泰，著書記載海外上百個國家，包括馬來半島。此時也是《十洲真形圖》出現時，所以很可能吸納了漢末三國的航海發現。而且葛洪的《太清金液神丹經》等書，原本抄錄朱應、康泰的書。

馬來半島雖然是半島，但是因為太狹窄，北部是地峽，所以被看成一個島，稱為炎洲，因為很炎熱。唐代人仍然稱馬來半島上的盆盆國為盆盆洲，義淨《南海寄歸內法傳》自序：「從西數之，有婆魯師洲，末羅遊州（即今尸利佛逝國是），莫訶信洲，訶陵洲，呾呾洲，盆盆洲。」莫訶信洲，訶陵洲，呾呾洲，都在馬來半島，都被稱為洲。〔註22〕

第四條長洲，原文說：

> 長洲一名青丘，在南海辰巳之地。地方各五千里，去岸二十五萬里。上饒山川及多大樹，樹乃有二千圍者。一洲之上，專是林木，故一名青丘。又有仙草靈藥，甘液玉英，靡所不有。又有風山，山恒震聲。有紫府宮，天真仙女遊於此地。

青丘之名出自上古，不在海外，我在《山海經》研究專著另考，此處不

〔註19〕　〔唐〕姚思廉：《梁書》，第788頁。
〔註20〕　周運中：《中國南洋古代交通史》，第143～145頁。
〔註21〕　周運中：《中國南洋古代交通史》，第158～160頁。
〔註22〕　周運中：《中國南洋古代交通史》，第185～188頁。

贅。但是移用青丘之名，也有根據，因爲長洲上有很多大樹。長洲面積大，距離遠，又在東南辰巳方位，又不是臺灣和澎湖。所以我認爲是呂宋島，因爲下文說有風山，山經常震動。

菲律賓地處板塊接觸地，多火山、地震，還多颱風，所以說有風山，山經常震動。南宋趙汝括《諸蕃志》三嶼說：

> 其山倚東北隅，南風時至，激水沖山，波濤迅駛，不可泊舟。
>
> 故販三嶼者，率四、五月間即理歸棹。〔註23〕

我已考證，三嶼即呂宋島南部三個半島，因爲狹長，被誤以爲是島。〔註24〕因爲夏季多颱風，所以中國的商船在五月就趕快撤離。呂宋島不僅狹長，其南部的三個半島也很狹長，故名長洲。

閩南人能知道菲律賓也有可能，因爲新石器時代的南島語系民族已經從臺灣向太平洋擴張，而且臺灣出產的玉器很早就傳播到東南亞很多地方，說明很早就開闢了臺灣到菲律賓的航路。

《梁書》卷五十四《倭傳》：

> 其南有侏儒國，人長三四尺。又南黑齒國、裸國，去倭四千餘里，船行可一年至。又西南萬里，有海人，身黑眼白，裸而醜。其肉美，行者或射而食之。〔註25〕

最後一句海人，是《三國志》、《後漢書》的《倭傳》所無。侏儒、黑齒、裸國已經從沖繩到了臺灣，日本西南萬里的海人應是菲律賓的土著矮黑人，又名尼格利陀人（Negrito），尼格利陀原來是歐洲人稱黑人之名，被西班牙人轉用於菲律賓矮黑人。《梁書》海人是海膽人的訛誤，這些民族都在海中，不可能是因爲海島得名。

南宋趙汝适《諸蕃志》三嶼（呂宋）說：

> 窮谷別有種落，號海膽，人形而小，眼圓而黃，虬髮露齒，巢於木顛，或三五成群，全伏榛莽，以暗箭射人，多罹其害，投以瓷碗，則俯拾，忻然跳呼而去。〔註26〕

海膽，現在稱爲艾坦（Aeta、Agta），源自馬來語的黑色hitam。矮黑人類

〔註23〕〔宋〕趙汝适著、楊博文校釋：《諸蕃志校釋》，第144頁。

〔註24〕周運中：《中國南洋古代交通史》，第350～351頁。

〔註25〕〔唐〕姚思廉：《梁書》，第807頁。

〔註26〕〔宋〕趙汝适著、楊博文校釋：《諸蕃志校釋》，北京：中華書局，2000年，第144頁。

似非洲人，分布在安達曼群島、泰國、馬來西亞等地，但是根據最新分子人類學研究，其實他們的血緣有所不同。艾坦人的 Y 染色體主要是 P，接近大洋洲民族和印歐人、尼夫赫人等。安達曼人的 Y 染色體主要是 D，他們都是早期到達熱帶的民族，所以保留了較多非洲人的特徵。南朝的日本記載，多出的這一句或許是原來就有，為《三國志》、《後漢書》漏載，或許是南朝人新得到的信息。

《梁書》卷五十四又說：

> 天監六年，有晉安人渡海，為風所飄至一島，登岸，有人居止。
> 女則如中國，而言語不可曉；男則人身而狗頭，其聲如吠。其食有
> 小豆，其衣如布。築土為牆，其形圓，其戶如竇云。〔註27〕

晉安郡在今福建南部，這個島很可能也在菲律賓一帶，所謂狗頭，是指嘴部突出，是矮黑人的特徵。

這一條有明確的時間，是在南朝得到的信息，和上一條有關，但是信息來源不同。這一條是大陸人出海得到的信息，上一條是來自東方海上民族的信息。從日本人能知道沖繩、臺灣、菲律賓島鏈的航路來看，《十洲記》所記的信息其實是東方海上民族本來就知曉的事。

更有趣的是，《上清外國放品青童內文》收錄了《十洲記》的內容，基本一樣，但是長洲條多出一段文字：

> 又靈狐之獸，大者如犬，色有五色，叫聲響四千里，威制虎豹
> 萬禽，得衣其毛，壽同天地。左則有風山，山常震聲，上有紫府宮，
> 天真神仙玉女所遊觀。

雖然《上清外國放品青童內文》增加了很多附會的內容，但是這一段是在長洲的中間，從全文體例來看，是《十洲記》原文，今本《十洲記》脫落，所說內容有根據。

菲律賓沒有很特殊的狐狸，這種靈狐，其實是狐蝠（Pteropus lylei）。狐蝠是世界上最大的蝙蝠，因為口部突出，類似狐狸，故名狐蝠。琉球狐蝠全身黑褐色，頸部有黃白色的毛。呂宋島的金冠飛狐，頭部有金毛，兩翼伸展可達 2 米，所以說大如犬。緊鄰呂宋島西側的民都洛島，2007 年發現了一種新狐蝠，有棕紅色的毛，臉上有三條白色條紋。所以說有五色，不是胡編。

又說風山是左側，也即東側，這是因為呂宋島東南角有著名的馬榮火山，

〔註27〕〔唐〕姚思廉：《梁書》，第 809 頁。

所以才知道呂宋島是長條形，稱爲長洲。馬榮火山經常引發火山地震，所以說常有震動聲。

第五條流洲，今本是：

> 流洲在西海中，地方三千里，去東岸十九萬里。上多山川積石，名爲昆吾。冶其石成鐵，作劍光明洞照，如水精狀，割玉物如割泥。亦饒仙家。

此條被改造在西海，難以確定具體位置。如果出鐵是原本內容，則可以根據鐵礦推測位置，很可能是蘇門答臘島，《太清金液神丹經》：

> 杜薄，闍婆國名也。在扶南東漲海中洲，從扶南船行直截海度，可數十日乃到。其土人民眾多，稻田耕種，女子織作白迭花布。男女白色，皆著衣服。土地饒金及錫、鐵。

我已經考證，此處的闍婆即爪哇 Java 的音譯，但不是現在爪哇島，而是蘇門答臘島，原名爪哇，元代馬可波羅稱爲小爪哇。《御覽》卷七八七引康泰《扶南土俗》曰：「諸薄之西北有𪏙蘭之洲，出鐵。」𪏙蘭在闍婆西北，應在馬六甲海峽兩側。〔註28〕

第六條生洲，原文說：

> 生洲在東海丑寅之間，接蓬萊十七萬里，地方二千五百里。去西岸二十三萬里。上有仙家數萬。天氣安和，芝草常生。地無寒暑，安養萬物。亦多山川仙草眾芝。一洲之水，味如飴酪。至良洲者也。

我認爲，生洲很可能是沖繩島。沖繩的名字，源自這個島鏈像黑潮中的一條繩子。日語的沖即海潮，沖繩在黑潮之中。生、繩音近，所以生洲的原名很可能是繩洲。

沖繩是琉球群島的原名，隋代的流求是今臺灣島，宋代趙汝括《諸蕃志》、元代汪大淵《島夷志略》都稱臺灣爲流求、琉球。明初洪武年間扶持沖繩島上的中山國，合併另外兩個小王國。爲了追求典故，才把琉球的名字移到了沖繩，造成地名的混亂。〔註29〕

古人早已認識到沖繩的地理，《三國志》卷三十《倭傳》：

> 又有侏儒國在其南，人長三四尺，去女王四千餘里。又有裸國、黑齒國復在其東南，船行一年可至。參問倭地，絕在海中洲島之上，

〔註28〕周運中：《中國南洋古代交通史》，第 140～143 頁。
〔註29〕周運中：《正說臺灣古史》，第 163～167 頁。

或絕或連，周旋可五千餘里。〔註30〕

女王國即邪馬臺國，在九州島，其南的侏儒國、裸國、黑齒國，無疑在今沖繩到臺灣一帶。所謂洲島之上，或絕或連，就是指島鏈。

蓬萊見於下文，此處是指屋久島，而非《拾遺記》記載的上古蓬萊山（呂宋島）。生洲接蓬萊，正是指沖繩島靠近屋久島。生洲的面積不及滄浪（望安）、方丈（澎湖）、蓬萊（屋久）等，說明不是大島，而且距離大陸較遠，所以不是九州島。

第七條滄海島，原文說：

> 滄海島在北海中，地方三千里，去岸二十一萬里。海四面繞島，各廣五千里。水皆蒼色，仙人謂之滄海也。島上俱是大山，積石至多。石象八石，石腦石桂，英流丹黃子石膽之輩百餘種，皆生於島。石服之，神仙長生。島中有紫石宮室，九老仙都所治，仙官數萬人居焉。

滄海島應在澎湖，因爲陶弘景《眞誥》卷十四說：

> 八淳山，高五千里，周匝七千里，與滄浪、方山相連比。其下有碧水之海，山上有乘林眞人郁池玄宮，東王公所鎮處也。此山是琳琅眾玉、青華絳實、飛間之金所生出矣。在滄浪山之東北，蓬萊山之東南（此即扶桑太帝所居也。方山即方丈山也。海中山名，多載在《五嶽序》中耳）。

八淳山是臺灣島，我有具體論證，此處的蓬萊是屋久島，正是在臺灣島的北部。滄浪在臺灣島的西南，又靠近方丈島（澎湖），則是今澎湖島南部的望安島，是澎湖列島第四大島。第二大島漁翁島（西嶼）、第三大島白沙島緊鄰澎湖島，現在已有橋聯通。望安島孤懸南方，非常突出。望安源自網垵村，在島的南部。望安島又名八罩島，來源待考。

望安島是世界著名的文石產地，文石是罕見的美石，澎湖文石主要產於望安島。文石是碳酸鹽礦物，又稱霰石，多呈皮殼狀、鮞狀、豆狀、球粒狀。通常是白色、黃白色，有玻璃光澤，斷口爲油脂光澤。產於近代海底沉積或黏土中，或石灰岩洞穴，或溫泉沉積及火山岩的裂隙和氣孔中，或貝殼中。澎湖文石主要產於望安島、將軍嶼、白沙島、風櫃尾半島。望安島是最早開採文石的地方，這裡的文石，色澤深，硬度高，質地優，但由於過量開採，資源已枯竭。

〔註30〕〔晉〕陳壽：《三國志》，第 856 頁。

望安島也有澎湖列島常見的玄武岩石柱景觀，這在其他地方很罕見，景象壯觀。因為有很多奇石，所以說有很多種石頭。

所以《十洲記》說滄海島，有各種石頭，有石腦，就是球狀的文石。有石桂，就是樹狀的文石。望安島的文石，主要是黑色，所以說有紫石宮。望安島最高峰天台山，出產文石，山頂巨石有凹槽，名為仙人腳印。

第八條方丈洲，原文說：

> 方丈洲在東海中心，西南東北岸正等，方丈方面各五千里。上專是群龍所聚，有金玉琉璃之宮，三天司命所治之處。群仙不欲昇天者，皆往來此洲，受太玄生錄，仙家數十萬。耕田種芝草，課計頃畝，如種稻狀，亦有玉石泉，上有九源丈人宮，主領天下水神，及龍蛇、巨鯨、陰精、水獸之輩。

上文已經論證，方丈洲是澎湖島。所謂仙人數十萬是誇張，但是種稻則有根據，反映此地農業開發。群仙往來此洲，說明是交通要道，澎湖確實是福建和臺灣、菲律賓之間的要衝。

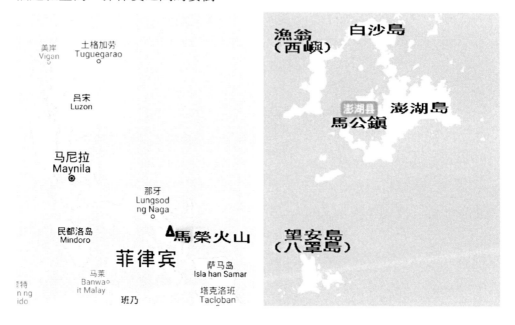

呂宋島馬榮火山位置圖、澎湖列島四大島位置圖

又說有九源丈人宮掌管天下水神，反映此地有很多漁民，所以水神信仰很重要，九源丈人宮大概是一座海神廟。澎湖是重要漁場，內港適合停船。

　　至於芝草，可能也包括草藥。因爲澎湖多風，氣候乾燥，所以有很多草地，適合放牧。澎湖特產有一種風茹草，爲菊科、向日葵族、香茹屬。是蔓藤宿根性草本植物，耐旱、耐風、耐鹽、耐貧瘠。含有豐富的微量元素及精油，有消暑解渴、活血化瘀、治療中暑、降肝火的功效，被製成茶水。

　　第九條扶桑，原文說：

> 扶桑在東海之東岸，岸直，陸行登岸一萬里，東復有碧海。海廣狹浩污，與東海等。水旣不鹹苦，正作碧色，甘香味美。扶桑在碧海之中，地方萬里。上有太帝宮，太眞東王父所治處。地多林木，葉皆如桑。又有椹樹，長者數千丈，大二千餘圍。樹兩兩同根偶生，更相依倚。是以名爲扶桑仙人。食其椹，而一體皆作金光色，飛翔空玄。其樹雖大，其葉椹故如中夏之桑也。但椹稀而色赤，九千歲一生實耳，味絕甘香美。地生紫金丸玉，如中夏之瓦石狀。眞仙靈官，變化萬端，蓋無常形，亦有能分形爲百身十丈者也。

　　此處扶桑，不是日本或屋久島，而是臺灣島的南部。因爲下文說是太帝所居，陶弘景《眞誥》說八淳山是太帝所居，八淳山是臺灣島，所以此處扶桑是臺灣島。臺灣島比澎湖、望安、沖繩、屋久等島大太多，所以登岸陸行還有一萬里，方丈島（澎湖島）、蓬丘（屋久島）是五千里，滄海島（望安島）是三千里，按比例，則一萬里不算多。東復有碧海，即太平洋。

　　扶桑樹就是榕樹，榕樹是桑科，葉子像桑樹，果實是黃色或紅色。臺灣島南部是熱帶，所以多林木，多大榕樹。

　　隋煬帝大業六年（610 年），派陳稜率軍到臺灣島南部，《隋書》卷八十一《流求國傳》說：

> 多闘鏤樹，似橘而葉密，條纖如髮然下垂。〔註31〕

　　即榕樹，這是唯一詳細描述的樹木，說明榕樹給中原人留下了深刻印象。現在北方人到華南，仍然對榕樹很感興趣。榕樹有很多氣根，所以被附會爲扶桑的由來，說是相互扶持。其實扶桑的扶，本義是大，不是互相扶持。

　　陳稜也是在臺灣島南部，看到大榕樹。〔註 32〕南北兩個臺灣島的誤解，源自南北兩條航路，而且是在隋代之前已經奠定。臺灣西海岸的中段有很多寬闊的河口，容易使人誤以爲是海峽。

〔註31〕〔唐〕魏徵等：《隋書》，第 1823 頁。
〔註32〕周運中：《正說臺灣古史》，第 104～112 頁。

第十條蓬丘，原文說：

> 蓬丘，蓬萊山是也。對東海之東北岸，周回五千里。外別有圓
> 海繞山，圓海水正黑，而謂之冥海也。無風而洪波百丈，不可得往
> 來。上有九老丈人，九天眞王宮，蓋太上眞人所居。唯飛仙有能到
> 其處耳。

此處蓬萊，不是《拾遺記·諸名山》的蓬萊（婆羅洲），而是屋久島。因
為有黑色的潮水，即黑潮。而且在東海的東北，有圓形的海水，應是指圓形
的島嶼，無疑是屋久島。

十洲位置圖

因爲《十洲記》是東漢到孫吳時期寫成，此時距離戰國時期已有三百年，所以地名出現移位也很正常。何況此處說的正名是蓬丘，而《拾遺記·諸名山》說員嶠山（屋久島）上有方湖，蓬、方是上古讀音接近，所以也隱含著屋久島又名蓬丘的線索。

海水不可能是圓形，這句話透露出《十洲記》確實源自《十洲眞形圖》。我們不難推測，是《十洲眞形圖》上先畫出一個圓形的屋久島，再在屋久島的周圍畫上一圈黑色，表示環繞屋久島的黑潮。古人只能這樣畫出示意圖，而《十洲記》的作者看到圖上的黑色圓圈，就說有圓海環繞。

六、《十洲記》出自浙閩航海者

比較《十洲記》和《拾遺記·諸名山》記載的上古海外五大神山，可以發現，二者已有一些不同。《十洲記》缺少了最南的婆羅洲，主要記載的是靠近中國大陸，特別是靠近閩浙的島嶼。蓬萊的名字，從呂宋島移到了屋久島。九州島的名字也從岱輿，改爲祖洲。說明因爲時代的不同，漢末的航海者忘記了很多上古名字。說明王嘉的《拾遺記》雖然出自內陸，但是保存了上古的地理記載原貌。唯有臺灣還叫瀛洲，澎湖還叫方丈，說明《十洲記》的信息來自閩浙，靠近臺灣、澎湖，所以保留了古名。《十洲記》增加了沖繩島、望安島、呂宋島，也都在臺灣、澎湖附近。

扶桑樹，《拾遺記》在屋久島，但是《十洲記》在臺灣島南部。扶桑原來應在屋久島，因爲屋久島的杉樹更高大，而榕樹在華南很常見。而且《山海經·大荒東經》的扶木在東北海外，《海外東經》的扶桑接近正東，說明不是在臺灣島南部。《十洲記》的扶桑移到了臺灣島南部，作者把臺灣島分爲南北兩個島，又對臺灣島的榕樹留下深刻印象，說明作者不是閩南人。作者可能是浙東人，所以祖洲（九州島）排在首位，因爲浙東直對九州島。所謂方丈洲（澎湖島）在東海中心，指的是在臺灣海峽的中心，而不是指今天的東海。

不過從書中記載了菲律賓、馬來半島來看，作者也得到了福建航海者的成果。東漢福建的海外交通迅速發展，孫權派遣出使扶南的朱應是建安人，《三國志》卷四十七說：「會稽東縣人海行，亦有遭風流移至亶洲者。」《後漢書》卷八十五《東夷傳》：「會稽東冶縣人有入海行遭風，流移至澶洲者。」應是《三國志》脫了冶字，會稽東縣的體例不通，應是東冶縣，在今福州。所以《三國志》卷三十《東夷傳》說倭：「計其道里，當在會稽東冶之東。」這不

是從道里推算出，而是因爲倭人和福建的來往最密切。這也解釋了爲什麼這一篇記載，從韓國到倭地的距離被誇大。前人不能解釋，我認爲很可能是因爲古人看到倭在東冶之東，於是把從韓國到倭地的距離統一放大，這樣才能把倭地南置於東冶之東。孫吳在今泉州設東安縣，說明閩南在東漢晚期的發展。

孫皓建衡元年（269 年），遣監軍李勖、督軍徐存等從建安郡出發，走海路，到合浦郡，收復被佔據的交州。次年，李勖說建安道不通，擅自撤軍，李、徐二人全家被殺，〔註33〕說明從建安郡很容易通往合浦郡。

六朝的《十洲記》增加了馬來半島和蘇門答臘島，也是因爲東漢這兩個地方和中國的來往增多。馬來半島，西漢有皮宗國在《漢書・地理志》最末的中國印度航路有記載，在今馬來西亞的東北部。

蘇門答臘島的葉調國，在東漢和中國首次有來往。《後漢書》卷六《順帝紀》說永建六年（131 年）：「十二月，日南徼外葉調國、撣國遣使貢獻。」注引《東觀漢記》說：「葉調王遣使師會詣闕貢獻，以師會爲漢歸義，葉調邑君，賜其君紫綬。」《後漢書》卷八十六說：「順帝永建六年，日南徼外葉調王便遣使貢獻，帝賜便金印紫綬。」

伯希和認同荷蘭古梵文學家 Johan Hendrik Caspar Kern 於 1869 年提出的看法，他認爲葉調的上古音是 Jap-div，是《羅摩衍那》記載的爪哇（Java）古名 Yavadvipa，即托勒密地志的大麥島 Iabadiu。〔註34〕葉調即法顯回國路過的耶婆提，耶婆提是 Yavadvipa 的音譯。〔註35〕

當時人熟悉的海島當然不止這十個，很可能是道士選取了最重要的十個，甚至可能是爲了湊足整數而選取十個。因爲鄒衍開創了大九州說，十洲比九洲還多一洲，這是道士爲了顯示比鄒衍所知還要廣博。朱應、康泰的書中記載了婆羅洲，但是《十洲記》有馬來半島和蘇門答臘島，本來也可能有婆羅洲。道士選取這十個島可能出自宗教原因，滄海島（望安島）產文石，炎洲（馬來半島）有火浣布和風生獸，這些特產爲道士關注。

如果長洲確實是菲律賓，則特別重要。因爲前人一般的看法，包括我以

〔註33〕〔晉〕陳壽：《三國志》，第 1167～1168 頁。
〔註34〕〔法〕伯希和著、馮承鈞譯：《交廣印度兩道考》，北京：中華書局，2003 年，第 250 頁。
〔註35〕周運中：《中國南洋古代交通史》，第 109、151 頁。

前的看法，一直認為中國宋代書籍才收集記載菲律賓。沖繩在唐代之前，也很少有記載。《十洲記》有菲律賓，很可能因為福建人已經知曉南下航路。沖繩在臺灣去日本的路上，福建人也容易熟知。望安島在澎湖之南，澎湖到臺灣南部，可以經過望安島。

　　十洲之中不包括海南島，漢武帝在海南島設郡縣，漢昭帝裁撤海南島的郡縣，官軍退出海南島。十洲不包括海南島，很可能因為海南島和大陸距離太近，所以一直和大陸的來往很密切，所以不被看成海外之地。

　　而整理《十洲記》成書的作者，很可能就是東漢時期來往於霍童山等福建沿海地方的道士。他們本來有很多來自江南，六朝都城在今南京，所以《十洲記》很快得到重視。

第六章　洞天福地與浙閩航路

　　唐代《雲笈七籤》卷二七《洞天福地部》和五代杜光庭《洞天福地嶽瀆名山記》記載了十大洞天、三十六小洞天、七十二福地，大同小異。一般認爲，《雲笈七籤》的看法源自唐代人司馬承禎的《天地宮府圖》。前人對道教洞天福地的研究，往往關注其形而上的結構，〔註1〕或者關注其生態建設的價值，不考證其具體由來。或者在考證具體位置時，誤考地點，不關注其形成過程。〔註2〕或者雖然注意到台州黃巖縣委羽山的中心位置，而說在長江下游，〔註3〕其實浙閩沿海的洞天福地集中區不在長江下游。

　　李豐楙認爲，洞天福地是在楊羲、許邁等人時代完成。〔註4〕但是張廣保認爲唐代人所傳三十六洞天，很可能源自司馬承禎的《上清天地宮府圖》，總之是唐代人重新改造。〔註5〕我認爲這兩說都有道理，洞天福地源自六朝的江南，但是經過唐代人的改造。

　　法國學者沙畹認爲先有十大洞天，後有三十六小洞天。日本學者三浦國雄，認爲先有三十六洞天，但是僅有前十大洞天保留到唐代，後二十六洞天失傳，唐代重新整理出三十六洞天。因爲謝靈運《羅浮山賦》說羅浮山是第七洞天，符合唐代排序，陶弘景《眞誥》說句曲山是第八洞天，也符合唐代

〔註1〕 〔美〕顧夷著、孫齊、田禾、謝一峰、林欣怡譯：《桃花源與洞天》，《道教研究論集》，中西書局，2015 年，第 160～177 頁。李海林：《道教洞天福地形成新考》，《宗教學研究》2014 年第 4 期。

〔註2〕 潘雨廷：《道教史發微》，上海社會科學院出版社，2003 年，第 218～255 頁。

〔註3〕 周能俊：《唐代洞天福地的地理分布》，《中國道教》2013 年第 6 期。

〔註4〕 李豐楙：《六朝道教洞天說與遊歷仙境小說》，《仙境與遊歷：神仙世界的想像》，第 355～361 頁。

〔註5〕 張廣保：《道教洞天福地理論的起源及歷史發展》，《道家的根本道論與道教的心性學》，巴蜀書社，2008 年，第 599～602 頁。

排名。《述異記》說：「人間三十六洞天，知名者十耳。餘二十六洞天出《九微志》，不行於世也。」說明唐代人曾經遺忘二十六洞天。〔註6〕

我基本認同三浦之說，雖然陶弘景《真誥》卷十一《稽神樞》提到三十六洞天之名，但不是唐代人之說。六朝的三十六洞天被唐代人割出前十位，刪除了從第十一位開始的一些海外仙山。剩餘的部分，又被增補了很多唐代內容，成為我們現在看到的三十六小洞天。

前人的研究，以三浦國雄最為精闢，他雖然列出《太平御覽》卷六百七十八所引《茅君傳》的十七個洞天，也發現前十個洞天就是唐代傳下的十大洞天。又引用史特利克曼之說，認為《茅君傳》首次被引用是劉宋裴駰的《史記集解》，很可能是東晉到劉宋時成書。但是仍未注意《茅君傳》其後的七個洞天，也至關重要，因為這七個洞天是崑崙、蓬萊、瀛洲、方丈、滄浪、白山、八停，都是海外神山。這說明六朝的洞天說中，海外神山至關重要，但是唐代人則把海外神仙全部刪除，說明唐代道教遠離了海洋，唐代之前道士在海上航行的歷史逐漸為人遺忘。

但是《述異記》、《九微志》已經散佚，所謂二十六洞天不行於世一句，不知原貌，不知這一句中是否包含了唐人的敘述。但《九微志》既然有三十六洞天，說明三十六洞天說在六朝早已形成。十大洞天有名，不等於說其餘二十六洞天被人遺忘。

一、洞天福地在浙東最密

洞天福地 118 座的分布很不均勻，如果我們畫在地圖上就會發現，最集中的地方是浙東南的台州、溫州、紹興、寧波。

在今西北的僅有 9 座，加上山西 1 座、河南 4 座、山東 2 座，北方僅有 16 座，這和唐朝重心在北方的形勢極不吻合，說明洞天福地主要不是在唐代產生，而是在六朝的南方產生，所以東南最多。

需要說明的是，潘雨廷誤以為王屋山在洛陽之北，其實唐代人是說在河南府之北，唐代的河南府包括今濟源。王屋山不是今天的洛陽之北，而在河南濟源之北，是河南和山西省界。他又誤考北嶽恒山在今山西渾源縣，古人

〔註6〕〔日〕三浦國雄著、王賢德譯：《洞天福地小論》，《道教學探索》第六號，成功大學歷史系道教研究室、臺南市道教會、道教總廟三清宮編印，1992 年，第 233～275 頁。又見〔日〕三浦國雄著、王標譯：《不老不死的欲求：三浦國雄道教論集》，四川人民出版社，2017 年，第 332～359 頁。

說在代州曲陽縣，曲陽縣在今河北曲陽縣，不屬代州（治今代縣），古人所說也有誤。古代的恒山在今曲陽縣北到淶源、靈丘一帶，清代才移到現在的渾源縣恒山。〔註7〕山西虞鄉縣，今已併入永濟，應寫永濟。

　　另外，西玄山的位置不可考，古人已經不清楚，現在有人說在青海湟源縣，有人說在新疆天山，本文暫且存疑。六朝人所說的十大洞天已有西玄山，所以很可能不在今青海和新疆。因為今青海和新疆在六朝時期還不是漢地，一般人很難到達，不太可能排在洞天前列。杜光庭認為在蜀州（治今四川崇慶），我認為未必可信，因為杜光庭是蜀人，所以很可能把找不到的西玄山附會在他的家鄉。還有一些說法，都不能找到確證。

北方洞天福地示意地圖

地名	洞天福地類別	排序	唐屬	今屬
西城山	大洞天	3	京畿道京兆府？	陝西西安？
西嶽華山	小洞天	4	華州華陰縣	陝西華陰
太白山	小洞天	11	京兆府長安縣（誤）	陝西眉縣
高溪	福地	54	京畿道藍田縣	陝西藍田
藍水	福地	55	京畿道藍田縣	陝西藍田

〔註7〕周運中：《神農炎帝從山西走向世界》，第178～180頁。

玉峰	福地	56	西都京兆縣	陝西西安
商谷山	福地	58	商州	陝西丹鳳
西玄山	大洞天	4	西北？	西北？
金城山	福地	68	？	？
中條山	福地	62	蒲州虞鄉縣	山西永濟
北嶽常山	小洞天	5	代州曲陽縣	河北淶源
王屋山	大洞天	1	河南洛陽北（誤）	河南濟源
中嶽嵩山	小洞天	6	都畿道登封縣	河南登封
桐柏山	福地	44	唐州桐柏縣	河南桐柏
北邙山	福地	70	都畿道洛陽	河南洛陽
東嶽泰山	小洞天	2	兗州乾封縣	山東泰安
長白山	福地	61	齊州長山縣	山東鄒平

西城山，《雲笈七籤》說：「未詳在所，《登眞隱訣》云，疑終南太一山是。」這僅是懷疑，我認為仍然存疑。杜光庭則認為是金州（治今陝西安康），我認為也未必可信，因為金州靠近蜀地，很可能也是杜光庭為家鄉而附會。葛洪《神仙傳》卷七：「帛和，字仲理。師董先生行炁、斷穀術，又詣西城山，師王君，君謂曰……吾暫往瀛洲。」帛和的老師董奉在今福州，他的老師王君又要去瀛洲，似乎西城山也在今東南沿海。或許是前人看見西城之名，誤以為在中國西北。洞天福地的很多名字是通名，不能望文生義。

太白山，其實不是在京兆府長安縣，原文有誤，應在岐州郿縣，在今陝西眉縣。原文說：「在京兆府長安縣，連終南山。」指從長安縣的終南山向西延伸到太白山，但是終南山是很長的山脈，太白山不可能是山脈。

長在山，是長白山的形訛，原文說在齊州長山縣，在今鄒平西南，不是在今濟南。齊州治今濟南，但是長山縣屬淄州。

金城山，潘雨廷認為在金城縣，在今蘭州。但是原文說：「在古限戍，又雲石戍。」杜光庭說在雲中郡，則在今內蒙古。

在今西南的僅有 10 座，在今嶺南的僅有 8 座，也不符合中國自然地理情況。因為中國百歲老人最多的地方是廣西，廣西有這樣好的條件，竟然僅有 3 座，說明道教產地的地方是在中國東部沿海，道士很不熟悉廣西，很少去廣西。

廣西僅有的 3 座，全在鬱林州、容州（今容縣），雖然不靠海，但是比較接近沿海，很可能還是和航海有關。容縣是古代嶺南重要的政治中心，唐代在嶺

南設五個節度使、經略使、觀察使，統稱爲嶺南五管，容縣還是其中之一。宋代開始，容縣才衰落。所以容縣有突出的地位，反映了唐代的時代特徵。

連州在今天比較偏僻，但是在古代則是進入嶺南的要道之一，所以連州有一個福地。連州東南通往清遠、廣州，清遠也有一個福地，所以這兩個福地可能源自嶺南的交通。

白石山在唐代的鬱林州，潘雨廷誤以爲是今廣西玉林，其實唐代的鬱林州在今貴港、桂平、興業一帶，不在今玉林，白石山在今桂平東南。交州之北的安山，或許在今越南的北部，具體位置難考，因此下圖突出顯示兩廣。

嶺南洞天福地示意地圖

地名	洞天福地類別	排序	唐屬	今屬
羅浮山	大洞天	7	循州博羅縣	廣東博羅
都嶠山	小洞天	20	容州普寧縣	廣西容縣
白石山	小洞天	21	鬱林州	廣西桂平
峋漏山	小洞天	22	容州北流縣	廣西北流
清遠山	福地	19	廣州清遠縣	廣東清遠
安山	福地	20	交州北	越南
泉源	福地	34	循州博羅縣	廣東博羅
抱福山	福地	49	連州連山縣	廣東連山

　　四川是早期道教中心，張魯還在漢中建立政權。西南的山水很好，也有很多長壽之鄉，但是洞天福地卻很少，說明我們現在看到的洞天福地說是在六朝的東南產生。

　　梁州（治今漢中）的晃山，很可能是《漢書‧地理志》的旱山，或有誤字，在今漢中之南。《詩經‧大雅‧旱麓》：「瞻彼旱麓，榛楛濟濟。豈弟君子，干祿豈弟。瑟彼玉瓚，黃流在中……清酒既載，騂牡既備。以享以祀，以介景福。」說明上古就祭祀旱山。

　　唐代人說大面山在益州成都縣，誤，潘雨廷遂誤以爲大面山在今成都，杜光庭說：「大面山，在蜀州青城山。」在今都江堰西南。忠州的平都山是豐都山之訛，在今豐都。

西南洞天福地示意地圖

地名	洞天福地類別	排序	唐屬	今屬
青城山	大洞天	5	蜀州青城縣	四川都江堰
峨眉山	小洞天	7	嘉州峨眉縣	四川峨眉
桃源山	小洞天	35	黔中道播州	貴州遵義
豐都山	福地	45	忠州平都縣（誤）	重慶豐都
大面山	福地	50	益州成都縣	四川都江堰
菼湖魚澄洞	福地	63	劍南道姚州	雲南姚安
綿竹山	福地	64	漢州綿竹縣	四川綿竹
瀘水	福地	65	山南西道梁州	陝西漢中
甘山	福地	66	黔南	重慶酉陽
晃山	福地	67	劍南道漢州	四川廣漢

　　雲南僅有 1 座在姚州（今姚安），這是唐代在雲南的政治中心。貴州僅有 1 座，在播州（今遵義），這是最靠近中原的地方，說明洞天福地的分布不是源自生態原因，而是源自交通和政治原因。

　　甘山，在黔南，指的是唐代黔州之南，潘雨廷誤以為是今貴州貴陽，其實唐代的黔州治今重慶黔江。甘山應在今酉陽之北，唐代在黔州之南。甘通黚，魏晉設黚陽縣，《宋書・州郡志三》武陵郡黚陽縣：「二漢無，《晉太康地志》有。」《水經注》卷三十六《延江水》：「酉水北岸有黚陽縣。」黚即黔，古音極近，黔的上古音是群母談部 giam，黚是見母談部 kam，都是指黑。今酉陽縣東部有泔溪鎮，可能出自甘山。

　　有的地方，古人僅說在某州，不說在某縣，我們一時難以考證，所以僅列州治所在地，大體上在附近。

　　在今江蘇、安徽的僅有 13 座，這也令人非常奇怪。上古燕齊方士大量往來於山東和南方，必經江蘇沿海。但是江淮的洞天福地數量少得驚人，說明洞天福地是在南朝產生。此時江淮作為北部邊疆，戰火連綿，受到嚴重摧殘，經濟和文化發展勢頭不好。道教的中心已經轉到江南，道士把浙東沿海作為最重要的基地，所以江淮的洞天福地數量極少。

　　江淮的洞天福地，集中在句容周圍，句容就有 3 座，南京、丹徒、宜興、和縣、巢湖的距離都很近，明顯是從句容輻射出來。

　　楚州（淮安）的缽池山是一個極地的小丘，但是得以進入洞天福地，其實是因為淮安是運河要衝，所以缽池山的地位提高。淮安在南朝是南北政權

之間的邊疆，隋代因爲大運河而繁榮。缽池山得以成爲洞天福地，應是在唐代。論山在丹徒，即今丹徒，潘雨廷誤以爲是今丹陽。

　　不過和湖南比起來，唐代江蘇、安徽的洞天福地數量增長太少，和江蘇在唐代的重要地位很不匹配。晚唐的中國第一大城市是揚州，超過益州，號稱「揚一益二」。江蘇運河沿線的大城市除了揚州、楚州，還有潤州（今鎮江）、泗州（今盱眙北）、常州等，而洞天福地如此之少，值得深入探究。

　　安徽省也有同樣的問題，隋唐大運河經過安徽省北部，安徽和江蘇都有淮河、長江貫穿，交通便捷。安徽省的山地遠遠多於江蘇，不知爲何洞天福地極少。今天非常著名的黃山、九華山、齊雲山，在初唐似乎還不出名。

江蘇、安徽洞天福地示意地圖

地名	洞天福地類別	排序	唐屬	今屬
句曲山	大洞天	8	潤州句容縣	江蘇句容
林屋山	大洞天	9	蘇州吳縣	江蘇蘇州

潛山	小洞天	14	舒州懷寧縣	安徽潛山
鍾山	小洞天	31	潤州上元縣	江蘇南京
良常山	小洞天	32	潤州句容縣	江蘇句容
地肺山	福地	1	句容縣	江蘇句容
金庭山	福地	18	廬州巢縣	安徽巢湖
缽池山	福地	40	楚州	江蘇淮安
論山	福地	41	潤州丹徒縣	江蘇丹徒
毛公山	福地	42	蘇州長洲縣	江蘇蘇州
雞籠山	福地	43	和州歷陽縣	安徽和縣
張公洞	福地	59	常州義興縣	江蘇宜興
東海山	福地	72	海州東海縣	江蘇連雲港

　　兩湖的洞天福地有 19 座，湖南有 16 座，湖北僅有 3 座。湖南道教在六朝時期並不突出，湖南得以排名第三，主要是因為唐朝湖南地位的提升，這是唐朝才出現的情況。

　　因為很晚出現，所以湖南的洞天福地集中在潭州（治今長沙）、衡州（治今衡陽），這是湖南人口密集之處，但未必是自然環境最好之處，這反映了湖南的東部在唐代和外界交通較多。歷史上到湖南的移民主要來自江西，俗稱爲江西填湖廣。所以唐代湖南洞天福地的增加，很可能是受到江西移民的影響，江西原來就是道教中心。

　　因為湖南在道教地理中的地位是在唐代才提升，所以排在三十六洞天的後半部分和福地之中。

　　幕阜山在今湖北、湖南、江西交界處，潘雨廷歸入湖南，但是唐年縣在今湖北通城，所以應歸入湖北。

　　大酉山，唐代人說距離辰州（治今沅陵縣）七十里，但是酉山應在酉水發源處，在今湖北宣恩縣。《太平御覽》卷四十九引盛弘之《荊州記》：「小酉山，山上石穴中，有書千卷，相傳秦人於此而學，因留之。故梁湘東王云『訪酉陽之逸典』是也。」所謂秦人之書，被近年發現的龍山縣里耶秦簡證明。龍山縣靠近酉水源頭，有小酉山，則大酉山確實在。六朝的酉陽縣，在今永順縣，不在今沅陵縣。今沅陵縣西北的二酉山，是晚近附會。從永順、龍山到宣恩縣，山越來越高，大酉山應在今宣恩縣。唐代人可能已經把大酉山附會到了沅陵縣，但是我們今天

考證本源，還是應以鶴峰爲是，而不必盲從唐代人的誤會。

綠蘿山、德山，在黔中道朗州常德縣，在今桃源縣，潘雨廷誤以爲在今貴州遵義。其實唐代黔中道管轄今湖南省西部，不等於貴州省。

現在很多人誤以爲古代的南嶽在今湖南衡山，其實古代的南嶽在今安徽省霍山縣南部，隋代才把南嶽改到今湖南衡山。所以早期道士活動中提到的南嶽，都是在今安徽，不能證明湖南早期道教興盛。

湖南、江西洞天福地示意地圖

地名	洞天福地類別	排序	唐屬	今屬
南嶽衡山	小洞天	3	衡州衡山縣	湖南衡山
小潙山	小洞天	13	潭州醴陵縣	湖南醴陵
九嶷山	小洞天	23	道州唐興縣	湖南寧遠
洞陽山	小洞天	24	潭州長沙縣	湖南瀏陽
幕阜山	小洞天	25	鄂州唐年縣	湖北通城
大酉山	小洞天	26	黔中道辰州（誤）	湖北宣恩
紫蓋山	小洞天	33	荊州當陽縣	湖北當陽
君山	福地	11	岳州洞庭湖	湖南岳陽
馬嶺	福地	21	郴州郴縣	湖南郴州

鵝羊山	福地	22	潭州長沙縣	湖南長沙
洞真墟	福地	23	潭州長沙縣	湖南長沙
青玉壇	福地	24	衡州衡山縣	湖南衡山
光天壇	福地	25	衡州衡山縣	湖南衡山
洞靈源	福地	26	衡州衡山縣	湖南衡山
綠蘿山	福地	46	朗州武陵縣	湖南桃源
彰龍山	福地	48	潭州醴陵縣	湖南醴陵
德山	福地	53	朗州武陵縣	湖南常德
雲山	福地	69	邵州武岡縣	湖南武岡

　　江西的洞天福地有 17 座，位居第二。洞天福地在江西的分布不太均勻，洪州（治今南昌）有 4 座，信州（治今上饒）有 3 座，吉州（治今吉安）有 3 座，撫州（治今撫州）有 2 座，虔州（治今贛州）有 1 座，江州（治今九江）有 1 座，饒州（治今鄱陽）有 1 座。洪州最多，可能是因為洪州是政治中心。所以實際的重心在信江流域，這是因為龍虎山很早就成為道教的聖地。因此距離龍虎山最近的地方，最密集。距離龍虎山最遠的地方，最稀少，比如袁州（治今宜春），竟然是空白，但是今天的宜州也是長壽之鄉，說明洞天福地的形成和道教的活動有很大關係，而不是完全出自生態原因。

　　隋代人說吉安是著名的長壽之鄉，《隋書‧地理志下》說：「豫章之俗，頗同吳中……新安、永嘉、建安、遂安、鄱陽、九江、臨川、廬陵、南康、宜春，其俗又頗同豫章，而廬陵人尫敦，率多壽考。」〔註8〕但是吉安的洞天福地僅有 3 座，也證明洞天福地的數量不是完全源自生態原因。

　　潘雨廷誤以為金精山在今虔化縣，其實虔化縣在南宋已經改名為寧都縣。逍遙山，今已屬新建縣。閣皂山，今已屬樟樹。玉笥山在今峽江縣，原文誤新淦為奉新，杜光庭不誤。明嘉靖五年（1526 年），從新淦縣析置峽江縣。

地名	洞天福地類別	排序	唐屬	今屬
廬山	小洞天	8	江州潯陽縣	九江
西山洞	小洞天	12	洪州南昌縣	新建
鬼谷洞	小洞天	15	饒州貴溪縣	貴溪

〔註 8〕〔唐〕魏徵等：《隋書》，第 887 頁。

玉笥山	小洞天	17	吉州永新縣（誤）	峽江
麻姑山	小洞天	28	撫州南城縣	南城
鬱木洞	福地	9	吉州永新縣	永新
丹霞洞	福地	10	撫州南城縣	南城
龍虎山	福地	32	饒州貴溪縣	貴溪
靈山	福地	33	信州上饒縣	上饒
金精山	福地	35	虔州虔化縣	寧都
閣皂山	福地	36	吉州新淦縣	樟樹
始豐山	福地	37	洪州豐城縣	豐城
逍遙山	福地	38	洪州南昌縣	新建
東白源	福地	39	洪州新吳縣	奉新
虎溪山	福地	47	江州彭澤縣	彭澤
元晨山	福地	51	江州都昌縣	都昌
馬蹄山	福地	52	饒州鄱陽縣	鄱陽

　　洞天福地最多的省是浙江，有29座，占四分之一。其中台州9座，溫州、越州（今紹興）各6座，處州（今麗水）3座，杭州、衢州各2座，明州（今寧波）、婺州（今金華）各1座。顯然是以台州為中心，其次是台州南北的溫州、越州。金華很近，但是數量很少，說明海陸差異明顯。但是寧波在海邊，數量也很少，說明道士活動的路線是從紹興南下台州。因為紹興是越國古都，長期是會稽郡治，也是六朝世家大族特別活動之地。

　　唐代人說四明山在越州上虞縣，潘雨廷認為在今鄞縣，其實四明山在上虞、餘姚、寧波之間。古人說在上虞，因為從上虞到剡縣（今嵊州）、台州是交通要道。上虞靠近原來的政治中心越州（今紹興），而明州（今寧波）是晚唐才從越州分出。

　　唐代人說括蒼山在處州樂安縣，樂安縣（今仙居）屬台州，括蒼山在台州、括州之間。但是根據陶弘景《真誥》卷十四，括蒼山原來在今台州之北，不知為何在唐代南移。

　　唐代人說蓋竹山福地在衢州仙都縣，但是衢州不曾有仙都縣，疑在縉雲縣仙都山。溫州梁城縣是樂城縣之誤，在今樂清。蓋竹山洞天，唐代在黃岩縣，今已在臨海。西仙源，唐代在黃岩縣，今已在溫嶺。玉溜山，潘雨廷誤為王溜。沃洲山，唐代在剡縣，今改屬新昌，潘雨廷誤為在今天台。於潛縣，

今已是臨安區的於潛鎮。

地名	洞天福地類別	排序	唐屬	今屬
委羽山	大洞天	2	台州黃岩縣	黃岩
赤城山	大洞天	6	台州唐興縣	天台
括蒼山	大洞天	10	處州樂安縣（誤）	仙居
四明山	小洞天	9	越州上虞縣	上虞
會稽山	小洞天	10	越州山陰縣	紹興
華蓋山	小洞天	18	溫州永嘉縣	永嘉
蓋竹山	小洞天	19	台州黃岩縣	臨海
金庭山	小洞天	27	越州剡縣	象山
仙都山	小洞天	29	括州縉雲縣	縉雲
青田山	小洞天	30	括州青田縣	青田
天目山	小洞天	34	杭州臨安縣	臨安
蓋竹山	福地	2	衢州仙都縣（誤）	縉雲
仙磕山	福地	3	溫州梁城縣（誤）	樂清
東仙源	福地	4	台州黃岩縣	黃岩
西仙源	福地	5	台州黃岩縣	溫嶺
南田山	福地	6	東海	象山
玉溜山	福地	7	東海	玉環
清嶼山	福地	8	東海	洞頭
大若岩	福地	12	溫州永嘉縣	溫州
靈墟	福地	14	台州唐興縣	天台
沃洲	福地	15	越州剡縣	新昌
天姥山	福地	16	越州剡縣	新昌
若耶溪	福地	17	越州會稽縣	紹興
陶山	福地	28	溫州安固縣	瑞安
三皇井	福地	29	溫州橫陽縣	平陽
爛柯山	福地	30	衢州信安縣	衢州
天柱山	福地	57	杭州於潛縣	臨安
司馬悔山	福地	60	台州唐興縣	天台

　　福建僅有 6 座，而且全在閩北，竟然不包括福州附近的閩、侯官、永泰

等縣，上文說過，這裡是早期道士活動中心，說明這些地方在南朝時期已經衰落。其中 3 座在建陽，這裡靠近龍虎山，其實應劃入江西區。另外 3 座在霍童溪和連江縣海邊，因爲這裡靠近浙東南的洞天福地最密集之地，其實應劃入浙江區。如果從全國的角度來看，浙贛閩似乎可以連成一個區。但是其中間並不密集，反映了海陸差異。

霍童山，唐代人說在長溪縣，治今寧德，潘雨廷誤以爲在今霞浦，根據我上文考證，其實在今周寧縣。

地名	洞天福地類別	排序	唐屬	今屬
霍童山	小洞天	1	福州長溪縣	福建周寧
武夷山	小洞天	16	建州建陽縣	福建武夷山
焦源	福地	13	建州建陽縣	福建建陽
洞宮山	福地	27	建州關隸鎮	福建政和
勒溪	福地	31	建州建陽縣	福建建陽
廬山	福地	71	福州連江縣	福州連江

晚唐時福州、泉州都成爲中國重要海港，地位顯著上升。閩南雖然缺乏著名的長壽之鄉，但是很多地方自然環境也不錯，竟然是洞天福地的空白區。這也不是因爲洞天福地形成很早，因爲六朝時的洞天福地和唐代有所不同，包括臺灣、澎湖等地。

陶弘景《眞誥》卷十一：

> 大天之內，有地中之洞天三十六所，其第八是句曲山之洞，周回一百五十里，名曰金壇華陽之天（傳中所載至第十天，並及酆都五嶽，八海神仙，遠方夷狄之洞，既非此限，並不獲疏出）……右楊書。

陶弘景看到的楊羲所傳書，僅到第十洞天，未看到全部。而《太平御覽》卷六百七十八引《茅君傳》說：

> 至於地中洞天，有三十六所：王屋、委羽、西城、西玄、青城、赤城、羅浮、句曲、林屋、括蒼、崑崙、蓬萊、瀛州、方丈、滄浪、白山、八停之屬也。五嶽及諸名山皆有洞室，或三十里、二十里、十里，岳洞方百里也。

此處的句曲山（茅山）恰好也是第八位，符合陶弘景所說，所以這一段

話說的是六朝的三十六洞天。崑崙、蓬萊、瀛洲、方丈、滄浪、八淳的排名靠前，說明非常重要。

上文說過，六朝人認爲茅君住在霍童山，所以《茅君傳》中，海外仙山有如此高的地位，可能源自茅君居地靠近海外。

唐代人傳下的洞天福地之所以不包括臺灣、澎湖等地，說明我們現在看到的洞天福地確實經過唐代人的改造。此時江南的道教勢力有所衰落，已經不關注海外航行。

海外仙山被排除在洞天福地之外，南朝已有端倪，《太平御覽》卷六百六十三引《眞誥》：

> 厚載之中，有洞天三十六所。又八海中諸山亦有洞宮。或方千里、五百里，非三十六洞天之例也。五嶽名山皆有洞宮，或三十里、二十里，並舍神仙，又非小天之數也。

我們還要關注洞天福地的排名，七十二福地中，在今浙江、江西的地方基本都在前列，僅有幾條排在後一半。說明七十二福地，原來也以浙江、江西爲主，其他地方是很晚增附。

但是十大洞天，前五位基本是在西北，說明十大洞天的形成確實很晚。十大洞天排在洞天福地最前，受到政治影響最大。

三十六小洞天，首位霍童山是漢代以來名山。但是第二位到第六位是五嶽，多數在北方。湖南竟然超過江西，嶺南也接近江西，說明其中也有很多唐代增附的內容。

唐代人的十大洞天，恰好排到崑崙之前，把崑崙、蓬萊、瀛洲、方丈、滄浪、八淳刪除了，這正是後世不熟悉上古海外仙山的原因之一。我認爲，正是因爲刪除了海外仙山，所以排出了十大洞天。否定不必把原有的三十六洞天中改爲十大洞天和三十六小洞天，因爲唐代人把三十六洞天分出十大洞天，剩下二十六小洞天，必須再加上十個小洞天，才能滿足原有的三十六洞天之數。所以我們發現，現在的三十六小洞天，排在後面的有很多在廣西、湖南、貴州等地，這其中應有很多是唐代增加。但是唐代人增加的未必是現在的最後十個，因爲我們明顯看到洞天福地的排序中，有時一個地方連續排幾個，說明有時是從一個名山衍生出好幾個名山，不一定是眞實排序。

至於唐代的改造者是不是司馬承禎，還不能確定，總之應是中原人，他不熟悉海外仙山，所以把最珍貴的海外仙山統統刪去了。司馬承禎是溫縣人，

雖然到過天台山，但是他的時代已經到了唐代中期，不熟悉六朝的很多情況。他的老師潘師正是河北人，主要在嵩山。所以前人推測唐代的洞天福地是司馬承禎改造，也有道理，但也可能是潘師正等其他相關道士。

二、洞天福地的分布與航路

　　道教洞天福地的分布很不均勻，浙江沿海最集中，其實這些地方還反映出道士的航海線路。

　　十大洞天，第二洞天委羽山在台州黃岩縣，在今黃岩城南，第六赤城山洞在台州唐興縣（今天台）天台山。十大洞天，台州有二。

　　三十六小洞天，第一霍童山洞在福州長溪縣，在今寧德。第十八華蓋山洞，在溫州永嘉縣，在今溫州市區。第十九蓋竹山洞，在台州黃岩縣，在今臨海之南的汛橋鎮。

　　七十二福地：

　　　　第三仙磕山。在溫州梁城縣十五里，近白溪草市，真人張重華治之。

　　　　第四東仙源。在台州黃岩縣，屬地仙劉奉林治之。

　　　　第五西仙源。亦在台州黃岩縣嶠嶺一百二十里，屬地仙張兆期治之。

　　　　第六南田山。在東海東，舟船往來可到，屬劉真人治之。

　　　　第七玉溜山。在東海，近蓬萊島，上多真仙居之，屬地仙許邁治之。

　　　　第八清嶼山。在東海之西，與扶桑相接，真人劉子光治之。

　　　　第十二大若岩。在溫州永嘉縣東一百二十里，屬地仙李方回治之。

　　　　第十四靈墟。在台州唐興縣北，是白雲先生隱處。

　　　　第二十八陶山。在溫州安國縣，陶先生曾隱居此處。

　　　　第二十九三皇井。在溫州橫陽縣，真人鮑察所治處。

　　　　第六十司馬悔山。在台州天台山，此是李明仙人所治處。

　　　　第七十一盧山。在福州連江縣，屬謝真人治之。

第七十二東海山。在海州東二十五里，屬王真人治之。

洞天福地一共 118 座，台州、溫州就有 15 座，超過八分之一，可謂是最集中之地。15 座中，古代的天台縣有 3，黃岩縣有 4，樂清有 3，永嘉有 2，安固有 1，橫陽有 1，寧海有 1。黃岩最多，向南北遞減。

黃岩是唐代設縣，溫嶺在明代才設縣，這一帶原來是台州、溫州之間不設縣之地。原來是越人聚居地，溫嶺最早的縣志明代嘉靖《太平縣志》說：「王城山，在縣西北三十三里。本名方城山，王羲之《遊四郡記》云，臨海南界有方城山，絕巘壁立如城，相傳越王失國，嘗保此山。唐天寶六年，改今名，俗又呼為方岩云⋯⋯山頂平曠可百餘畝，人墾而耕之，號仙人田。」傳說漢代人周義山：「自幼好道，登委羽山，遇司馬季主，受石精、金光、藏影、化形之術。在方城絕頂，縛茅趺坐，所種田號仙人田。」〔註9〕《紫陽真人周君內傳》：「乃登委羽山，遇司馬季主，受《石精金光藏景化形》。」王城山即今方岩，周義山在方城山之說似乎是從委羽山借用，但是其北的今溫嶺西北大溪鎮，確實發現了西漢東甌國古城，證明越王古城傳說不虛。〔註10〕

明代陸容《菽園雜記》卷十二說：

> 溫州樂清縣，近海有村落，曰三山黃渡。其民兄弟共娶一妻，無兄弟者，女家多不樂與。以其孤立，恐不能養也。既娶後，兄弟各以手巾為記，日暮兄先懸巾，則弟不敢入。或弟先懸之，則兄不入。故又名其地為手巾𡒄。成化間，台州府開設太平縣，割其地屬焉。予初聞此風，未信。後按行太平，訪之果然。蓋島夷之俗，自前代以來，因襲久矣。弘治四年予始陳言於朝，請禁之。〔註11〕

溫州府樂清縣（今樂清市）沿海有村叫三山黃渡，兄弟共用一個妻子。成化五年（1469 年）割黃岩縣置太平縣（今溫嶺市），成化十二年，溫州府樂清縣之山門鄉、玉環鄉劃歸太平縣。陸容說這是島夷之俗，弘治四年（1493年）上奏朝廷禁止。其實這就是普那路亞婚（Punaluan family），普那路亞是夏威夷語，意為親密夥伴。即一群同胞的或血緣較遠的姊妹同一群平輩但不是兄弟的男子通婚，或一群同胞或血緣較遠的兄弟同一群平輩但是姊妹的女

〔註 9〕浙江省溫嶺市地方志辦公室整理：《太平縣古志三種》，北京：中華書局，1997年，第 15、117 頁。

〔註10〕浙江省文物考古研究所、溫嶺市文化廣電新聞出版局：《浙江溫嶺大溪古城遺址的調查與試掘》，《東南文化》2008 年第 2 期。

〔註11〕〔明〕陸容：《菽園雜記》，北京：中華書局，1985 年，第 141～142 頁。

子通婚。《新唐書》卷二二二下說多蔑國：「其人短小，兄弟共娶一妻，婦總髮爲角，辨夫之多少。」此國在今泰國東南部，詳見本書第四章第四節，說明東南亞也有此俗。

唐代顧況《永嘉》詩云：「東甌傳舊俗，風日江邊好。何處樂神聲？夷歌出煙島。」唐代溫州海島還是夷人所居。

謝靈運的《山居賦》描寫他在會稽郡的莊園，說：

> 遠北則長江永歸，巨海延納。崐漲緬曠，島嶼綢沓。山縱橫以布護，水回沉而縈洄。信荒極之綿眇，究風波之瞑合（江從山北流，窮上虞界，謂之三江口，便是大海。老子謂海爲百谷王，以其善處下也。海人謂孤山爲崐薄。洲有山，謂之島嶼，即洲也。漲者，沙始起將欲成嶼，縱橫無常，於一處回沉相縈擾也。大荒東極，故爲荒極。風波不恒，爲瞑合也）。〔註12〕

謝靈運說浙江海上的人，稱海島爲崐薄。這無疑源自疍民語言，我認爲最接近南島語，菲律賓他加祿語的群島 kapuluan，馬來語是 kepulauan，爪哇語是 kapuloan，屬南島語系，說明古代浙江疍民確實說南島語。也很接近毛利語是 huinga motu，這是古南島語。薄的上古音 bak，接近夏威夷語的島 moku。孤山是訛誤，應是群島，因爲舟山群島是中國最大的群島，島嶼很多，沒有孤山。

日語的島是 shima，朝鮮語是 seom，接近中國東南方言的嶼 su。越南語的島嶼是 culao，高棉語的島是 kah，泰語的島是 ko，或許都是從南島語系借用，因爲越南人、高棉人、泰人原來在內陸。

關於全世界各語言的島嶼的稱呼，本處不再詳考，我將來下一部研究徐福東渡的專著中詳細考證。

唐興縣即今天台縣，靈墟在縣東北華頂山，屬天台山。又有靈溪，《太平寰宇記》卷九八台州天台縣：「靈溪，在縣西北三十里。」〔註13〕《高僧傳》卷十一《竺曇猷傳》說：「赤城岩與天台瀑布、靈溪、四明，並相連屬。」靈墟很可能就是靈溪，墟、溪音近。

東仙源，在今黃岩城東朱砂堆。西仙源，在今溫嶺溫嶠鎮西。

樂城縣，即今樂清。白溪在今雁蕩鎮，原名白溪鄉。大若岩，在今永嘉

〔註12〕〔梁〕沈約：《宋書》，第 1759 頁。
〔註13〕〔宋〕樂史撰、王文楚等點校：《太平寰宇記》，第 1967 頁。

西北大若岩鎮。

　　南田山，即今象山縣南的南田島，原屬台州。杜光庭《洞天福地嶽瀆名山記》誤說：「南田，在處州青田。」〔註14〕青田縣在內陸，顯然不確。

　　玉溜山，即木溜山，是今玉環島。安國縣是安固縣之訛，在今瑞安。陶山在今瑞安西北陶山鎮，古代靠近海口。橫陽縣，在今平陽。謝靈運有詩《舟向仙岩尋三皇井》，記載他從永嘉郡治永寧縣（今溫州）乘船去仙岩、三皇井。一說三皇井在今瑞安東北的仙岩，但是古人說三皇井在平陽。

　　南田、玉環、清嶼，是聯結江浙和福建的海道要衝。向南經過瑞安、平陽，到三沙灣內的霍童山，再南是連江的盧山。這些山都在航海要道，可以連接爲一條航路。

　　連江縣的盧山，應是荻蘆山，《太平寰宇記》卷一百福州連江縣：「荻蘆山，在縣南三十里。先名九龍山，山連石鼓山而來。古老傳云，秦始皇令掘斷山脊，乃見蘆根一莖長數丈，斷之有血，因名荻蘆山。」〔註15〕

　　連江縣東南三十里，是閩江口的粗蘆島，因爲靠近福州，所以說從石鼓山而來，即福州東部的鼓山。九龍即馬來語的山 gunung，因爲閩江口的疍民是南島語系民族，所以留下這個古名。荻蘆本來是蘆葦，蘆葦不可能成爲山的專名。掘斷蘆葦是後世附會，斷、荻、粗音近。荻蘆應是馬來語的海灣 telok，因爲在閩江口的海灣，所以有此名。今連江縣東北角的半島上還有苔菉鎮，也即 telok 的音譯。荻蘆島扼守閩江口，是航路必經之地，所以成爲道教福地。

　　即使內陸的洞天福地，也都在交通要道。蓋竹山在臨海、溫嶺之間，委羽山、東仙源靠近黃岩縣城，西仙源在台州到溫州的路上。

三、南田島、玉環島、青嶼、金臺

　　前人誤以爲南田、王溜、清嶼在海州東海縣（今連雲港）的海中，說不能確指，又說此處的蓬萊未必是登州蓬萊縣（今山東蓬萊），扶桑未必是日本，但是反映唐代中日交通。〔註16〕其實此處的東海不是東海縣，時代也在六朝而非唐代，蓬萊自然不是山東蓬萊縣，蓬萊縣是唐代神龍三年（707 年）才首次設縣。

〔註14〕〔唐〕杜光庭撰、羅爭鳴輯校：《杜光庭記傳十種輯校》，北京：中華書局，2013 年，第 390 頁。

〔註15〕〔宋〕樂史撰、王文楚等點校：《太平寰宇記》，第 1994 頁。

〔註16〕潘雨廷：《道教史發微》，第 239 頁。

玉溜山（玉環）靠近蓬萊島，此處的蓬萊島就是《十洲記》所說的蓬萊（屋久島），指的是玉環到日本的航路。

南田島之北有對面山、東門山、石浦鎮，東西兩側各有一些小島，《漢書·地理志上》會稽郡鄞縣：「東南有天門水入海，有越天門山。」天門山即今東門山，乾道《四明圖經》卷六象山縣祚聖廟：

> 舊係東門廟，在縣南一百里。按圖經舊載，其神號天門都督，未詳事蹟。今按東門山在縣南海中，去州一千二百里，其山與台州寧海縣接境。山高二百丈，周回二十五里。兩峰對峙，其狀如門，闊一百五十餘步。下有橫石如閫，潮退之時，奔水沖湧，不可輕涉，惟波平風息，乃可以渡。其下有廟，號爲東門。在寧海之東，故以名之。其廟神傳爲天門都督，或云今置廟處正當古鄞縣東南，是承西北天門之勢，廟側之水亦自西北山而來，故有天門之稱，尊敬其神。方之連率都督，行旅往返，無不致祀，隨其誠怠，咸有感應。唐貞觀中，有會稽人金林，數往台州買販，每經過廟下，祈禱牲醴如法，獲利數倍……永徽中，又有越州工人蔡藏，往泉州造佛像，獲數百緡，歸經此廟，祀禱少懈，舟發數里，遂遭覆溺，所得咸失，而舟人僅免焉。

東門山的神稱爲天門都督，正是因爲原名天門山，可惜南宋人已經忘記《漢書·地理志》的記載。天門都督是晚出之名，六朝才流行都督之職。

東門山是南北航路所經，南田島現在屬於象山縣，但是出土唐代墓誌銘證明古代屬台州寧海縣。[註17] 南田歷史上和台州聯繫密切，象山縣南部至今說台州話，還有很多閩南移民，形成閩南話飛地。南田也是南明重要基地，永曆十八年（1664 年），張煌言遷居南田島西南的懸嶴（今花嶴島），不久被捕。因爲南田位置特殊，宣統元年（1909 年），設縣級南田廳，管轄象山縣南部海島。1930 年，南田縣併入新成立的三門縣，爲南田區。1952 年，南田區改屬象山縣。

樂史《太平寰宇記》溫州：

> 玉環山，一名木陋嶼，又名地肺山，在海中，周回五百餘里，去郡二百里，上有流水潔白如玉，因以爲名。按《登眞隱訣》云：

〔註17〕符永才、顧章：《浙江南田海島發現唐宋遺物》，《考古》1990 年。

郗司空先立別墅於此，東晉居人數百家，至今湖田見在。〔註18〕

木陋即木溜，郗司空是郗鑒，高平郗氏也是道教世家。玉溜山，上多真仙居之，屬地仙許邁治之。反映很多道教世家都在此修道，所以周子良、陶弘景在此相逢。

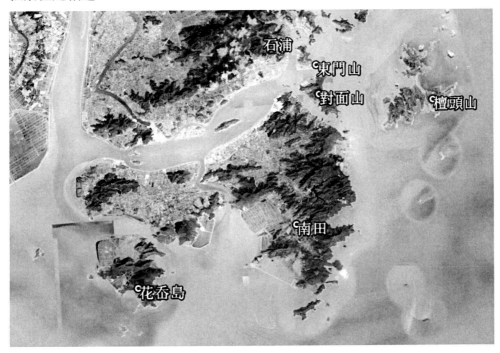

陶弘景在壬辰年（天監十一年，512 年）到玉環島，唐代賈嵩《華陽陶隱居內傳》說：

> 復自海道還永嘉，至木溜，形勢殊好。《登真隱訣》云：「壬辰年六月便乘海還永嘉木溜嶼，乃大有古舊田撅，孤立海中，都無人居，甚可營合。」會上使司徒慧明迎還舊嶺。《登真隱訣》云：「八月至木溜，見其可居，始上岸起屋。十月司徒慧明至，於時願得且停木溜，與慧明商榷，往復積日，永不敢許，於是相隨而還也。」

玉環島很大，有新石器時代遺跡，不可能無人居住，東晉就有數百家，陶弘景應是居住在島上人煙稀少處。由於此書所引《登真隱訣》是散佚之文，所以我們不能得知陶弘景在島上的全部活動。

《晉書》卷八十《王羲之傳》：

〔註18〕〔宋〕樂史撰、王文楚等點校：《太平寰宇記》，第 1980 頁。

義之既去官，與東土人士盡山水之遊，弋釣為娛。又與道士許邁共修服食，採藥石不遠千里，遍遊東中諸郡，窮諸名山，泛滄海，歎曰：「我卒當以樂死。」〔註19〕

王義之和許邁，千里探藥，到名山和海島，而且非常興奮。他們去的地方無疑包括玉環島，王義之《四郡記》說：「永寧縣界海中有松門嶼，島上皆生松，故名。」永寧縣治今溫州，松門在今溫嶺松門鎮，松門島是石塘島，清代才與大陸聯結，原來的松門海峽被泥沙淤塞。

王義之家是五斗米道世家，《晉書・王義之傳》說：

王氏世事張氏五斗米道，凝之彌篤。孫恩之攻會稽，僚佐請為之備。凝之不從，方入靖室請禱，出語諸將佐曰：「吾已請大道，許鬼兵相助，賊自破矣。」既不設備，遂為孫所害。

唐代張又新《中界山》：

瑟瑟峰頭玉水流，晉時遺跡更堪愁。

愁人到此勞長望，何處煙波是祖州。

中界山即玉環島，因為在台州、溫州之間得名。玉水即樂史《太平寰宇記》所謂流水潔白如玉，樂史的資料源自六朝。張又新又說東晉遺跡難尋，其東海外還有祖洲，《海內十洲記》說祖洲是徐福所居。

清嶼山，應即青澳，今溫州大門島，緊鄰玉環島西南。《資治通鑒》卷二六六：「盧佶聞錢傳鐐等將至，將水軍拒之於青澳。」建炎四年（1130年）正月癸亥，南逃的宋高宗泊青澳門。甲子，泊溫州港口。《宋史・兵志六》有溫州青奧寨，《二王傳》說陳宜中居清澳。嘉靖《浙江通志》卷十二：「青奧山，在縣東二百里，兩山峙於海中，如門，今名青奧門。宋永明中，顏守延〔之〕立觀海亭。又一百里，曰中界山。」〔註20〕

黃岩縣是唐代上元二年（675年）從臨海縣析出置縣，臨海縣的道教名山很多，《太平寰宇記》卷九八台州臨海縣：

括蒼山，在州西四十里，高一萬六千丈，《神仙傳》王方平居崑崙，往來羅浮、括蒼山……

仙石山，山有館，土人謂之黃公客堂……即王方平所遊之

〔註19〕〔唐〕房玄齡等：《晉書》，第2101頁。

〔註20〕周運中：《唐代東南近海長程航線與港口新考》，《絲路文化研究》第二輯，商務印書館，2017年。

地……

　　　靈石山，山有寺，當孫恩作叛，毀材木以爲船舸，山石即於空
中自然而落，賊每有所傷，故曰靈石山。〔註21〕

葛洪《神仙傳》卷三：

　　　王遠，字方平，東海人也。舉孝廉，除郎中，稍加至中散大夫，
博學五經，尤明天文圖，識河洛之要，逆知天下盛衰之期，九州吉
凶，觀諸掌握。後棄官入山修道，道成，漢孝桓帝聞之，連徵不出……
方平欲東之括蒼山，過吳，往胥門蔡經家……經父母私問經曰：「王
君是何神人？復居何處？」經答曰：「常治崑崙山，往來羅浮山、括
蒼山。」

陶弘景《眞誥》卷十四：

　　　桐柏山，高萬八千丈，其山八重，周回八百餘里，四面視之如
一。在會稽東海際，一頭亞在海中。金庭有不死之鄉，在桐柏之中，
方圓四十里，上有黃雲覆之，樹則蘇玡琳碧，泉則石髓金精，其山
盡五色金也。經丹水而南行，有洞交會，從中過行三十餘里則得（此
山今在剡及臨海數縣之境，亞海中者，今呼括蒼，在寧海北、鄞縣
南。金庭則前右弼所稱者，此地在山外，猶如金靈，而靈奇遇之。
今人無正知此處，聞採藤人時有遇入之者，塢隩甚多。自可尋求，
然旣得已居吳，安能復覓越，所以息心。桐柏眞人之官，自是洞天
內耳）。〔註22〕

　　桐柏山一頭亞在海中，應是指今寧海之東的象山半島，象山縣是唐中宗
神龍元年（705年）從寧海縣析置。所謂剡及臨海數縣之境，其實不足八百里。
此處的剡縣不僅包括嵊州，還包括新昌縣，新昌是後梁開平二年（908年）析
置。括蒼山在臨海縣，不在寧海、鄞縣間。

　　唐代人已經不清楚金庭山的眞正位置，《雲笈七籤》卷二七《洞天福地部》
說：「第二十七金庭山洞，周回三百里，名曰金庭崇妙天。在越州剡縣，屬趙
仙伯治之。」這就是不認眞考證，而輕信陶弘景《眞誥》所說，而且僅看到
了陶弘景那句話開頭的剡縣二字，其實陶弘景所注有誤。

〔註21〕　〔宋〕樂史撰、王文楚等點校：《太平寰宇記》，第1963～1965頁。
〔註22〕　〔梁〕陶弘景著、〔日〕吉川忠夫校注、朱越利譯：《眞誥校注》，第465～466
　　　　頁。

金庭不死之鄉，在今象山縣，丹水在縣城丹城。象山在海中，所以南朝劉義慶《幽明錄》說：

> 海中有金臺，出水百丈。結構巧麗，窮盡神工，橫光岩渚，竦曜星漢。臺內有金幾，雕文備置，上有百味之食，四大力神常立守護。有一五通仙人，來欲甘膳，四神排擊，延而退。

這個海中金臺，很像在今象山縣的金庭，在縣城丹城東南三十里，則很可能是海邊的紅岩。紅岩地處突出的海岬，山崖紅色，海岸有紅色方形岩石，形如金臺，我認為無疑就是道士所說的海中金臺。陶弘景說塢隩甚多，其南北正是有很多港灣。

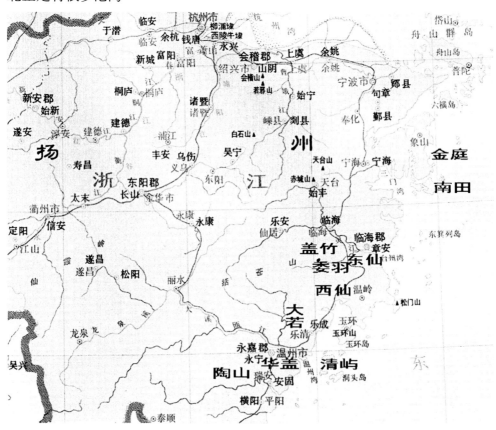

浙江省東南部道教名山〔註23〕

玉溜山，接近蓬萊。清嶼山，接近扶桑。說明這些地方還有通往海外的

〔註23〕底圖出自譚其驤主編《中國歷史地圖集》第四冊，第28頁。黑體字是本書添加。

航路，玉環島是道士聚居地。玉環島屬於台州，孫吳是臨海郡，本來是衛溫、諸葛直去臺灣的起航地。

　　唐宋史料可以證明玉環島確實東通日本，唐武宗會昌二年（842 年）八月二十四日，日本僧人惠運，搭乘中國商人李處人在日本造的楠木船，從肥前國值嘉島那留浦出發，二十九日到達溫州樂成縣玉留鎮，即今玉環島。

　　乾符四年（877 年）六月一日，台州商人崔鐸等六十三人從台州出發，七月二十五日到築前國，船上還有咸通十五年（874 年）到中國購買香藥的日本商人多治安江、僧人智聰等。

　　宋太宗（983 年），日本僧人奝然搭乘宋商陳仁爽、徐仁滿的船到台州，十二月進見宋太宗。（986 年），隨台州寧海縣商人鄭仁德回日本。次年，又派弟子搭乘鄭仁德的船到中國。

　　太宗淳化元年（990 年），商人周文德到日本，他寫信告訴日本僧人源信，已把源信的書《往生要集》轉交天台山國清寺。眞宗大中祥符八年（1015 年），周文德獻孔雀。仁宗天聖四年（1026 年）六月，商人周良史，因生母是日本人，獻名籍於關白，希望獲得爵位，關白贈砂金三十兩慰之。七月，台州客商周文裔回國。天聖六年九月，福州客商周文裔又來，十二月上書右大臣藤原實資，獻方物。〔註24〕

　　丁伋認爲，周文裔很可能是台州人，而非福州人。康熙《寧海縣志》卷十《藝文志》有寧海縣人王澡在南宋慶元二年（1196 年）爲周良史之妻施氏所撰的碑文說：

> 孺人施氏，四明人，故府君周公諱良史之妻……今臺之寧海縣
> 南四十里有嶴……大海環其外……其中多周氏居……周之先嘗總大
> 舶，出海上，至府君不肯離其家。納孺人之明年，侍父適日本國，
> 去二月而生少師。後七年而府君衰訃至，少師生，府君既不及見，
> 而孺人年二十二，孀居家貧……孺人以元豐三年七月初五日卒……

可推算周良史在乾興元年（1022）去日本，周氏所居之地，即今東嶴，在三門灣之西端。元末黃溍說寧海人劉珪在元代任「信義校尉、寧海縣東嶴等處海船上百戶」，說明元代這個海港仍然很重要。〔註25〕

〔註24〕　〔日〕木宮泰彥著、胡錫年譯：《日中文化交流史》，北京：商務印書館，1980
　　　　年，第 109、114、238～240、259～260 頁。

〔註25〕　丁伋：《台州海交史鈎沉》，《堆沙集》，中國社會科學出版社，2007 年，第 124
　　　　～127 頁。

唐代王松年《仙苑編珠》：

> 王可交者，華亭縣人也。眼有神光，夜行如晝。乃灸眉後小空中，而光斷。以咸通十年十一月一日，與鄰人同出，顧會草市河次，見一般舫子，有童子喚云：「王五叔要見。」乃下船中，見二三道士對棋，云：「可惜一具仙骨，灸破卻也。」乃與栗子一個，吃一半，味如棗。云：「且上岸去，更十年後與子相見。」足才踏岸，乃在天台山下瀑布寺前。問時日，已是十一月二十七日。

這個故事反映華亭縣（今上海）與台州之間的交通，台州之北多山，但是海路方便。

杜光庭《神仙感遇傳》卷五《薛逢》：

> 天台山東有洞，入十餘里，有居人，市肆多賣飲食。乾符中，有遊僧入洞，經歷市中，饑甚，聞食香，買蒸餅瞰之。同行一僧，服氣不食。既飽，行十餘里，出洞門，已在登州牟平縣界。所食之僧，俄變爲石。〔註26〕

這個故事反映了台州和膠東半島之間有海路往來，此條上文講的是道士服食石藥，僧人不應吃道士的石藥，所以吃的僧人變成石頭，這個故事很可能是僧人編出，宣揚不能進入道士石洞。

四、福鼎白茶、三京灣與甌閩航路

白茶是中國六大茶類之一，也是一種很有特色的名茶。白茶主要產自福建北部的福鼎、政和、松溪、建陽等地，歷史最久，產量最大，最負盛名。

一般認爲福建白茶的最早記載是唐代茶聖陸羽所著《陸羽》卷下引《永嘉圖經》說：「永嘉縣東三百里，有白茶山。」陳橼的《茶業通史》指出，此處的永嘉縣（今溫州）東的東字是南字之誤，永嘉縣南三百里即福鼎，福鼎是白茶的原產地。〔註27〕今按此說合理，南字的草書近似東字，所以東字應是南字的形訛，福鼎正在溫州之南三百里。

今有樂清人提出白茶山是樂清的雁蕩山，《太平御覽》卷八六七引《永嘉圖經》此句，無三百里三字，弘治《溫州府志》記載雁蕩山二百多里，雁蕩

〔註26〕〔唐〕杜光庭撰、羅爭鳴輯校：《杜光庭記傳十種輯校》。

〔註27〕陳橼《茶業通史》，農業出版社，1984年，第50頁。

山在溫州東北。〔註28〕此說顯然不能成立，因爲雁蕩山根本不可能距離永嘉三百里，而且雁蕩山從來不以白茶著稱。中國現在白茶有九成來自福建，福建白茶有八成來自福鼎。〔註29〕本文論證《永嘉圖經》的白茶山一定是在福鼎，而且福鼎白茶的出現時間遠在唐代之前。

有學者指出陸羽引用的這部《永嘉圖經》應在陸羽之前成書，很可能是隋代或唐代前期著作。〔註30〕此說合理，所以福鼎白茶的歷史可能不是始於唐代，而是早到隋代或更早的六朝時代。

我注意到，北宋初年樂史《太平寰宇記》卷九十九溫州永嘉縣說：「白茶山，在邑界。」〔註31〕所謂邑界，應即縣界，此條記載與《永嘉圖經》的白茶山無疑是同一個地方。邑界二字說明白茶山在古永嘉縣界外，不可能在古永嘉縣，自然也不可能是雁蕩山。但是《永嘉圖經》說白茶山距離永嘉三百里，而北宋的永嘉縣界距離永嘉縣城遠遠不及三百里，爲何出現這種矛盾呢？

再看《太平寰宇記》溫州永嘉縣白茶山的上一條說：「三京灣，《郡國志》云：永嘉有三京灣，無所不容。諺云人有能食者，云腹如三京灣，即此也。」三京灣是何處呢？有人在現在溫州的海灣中尋找，但是找不到腹部很大的港灣。其實三京灣不在溫州，而是福建寧德的三沙灣。三沙灣是中國最奇特的一個海灣，出口很小，唯一的出口東衝口的寬度僅有 2.6 千米，但是內部極大，面積達 714 平方千米。所以三京灣無疑是三沙灣，但是三沙灣在寧德，爲何《太平寰宇記》記在溫州呢？

其實熟悉《太平寰宇記》全書體例的學者都清楚，此書是北宋初年樂史抄錄各地圖書方志而編成，所以經常出現條目誤植。因爲歷史上很多政區分出一個新的政區，但是後人抄錄本地的舊方志時，已經劃歸新政區的條目仍然被置於舊政區的名下。孫吳的臨海郡管轄範圍是今浙江台州、溫州、麗水以及在今閩北的羅江縣，羅江縣的出海口就是三沙灣。所以我們不難推測，三京灣的記載本來屬於孫吳臨海郡的地方志，晉明帝太寧元年（323 年），分臨海郡立永嘉郡，原來屬於臨海郡南部的羅江縣雖然已經不屬於永嘉郡，但是被後人誤抄入永嘉郡的地方志。《郡國志》不是《續漢書‧郡國志》，或是

〔註28〕黃向永：〈「永嘉縣東三百里有白茶山」考〉，《中國茶葉》2012 年第 7 期。

〔註29〕林更生：〈永嘉縣東三百里有白茶山──古茶書解讀之一〉，《福建茶葉》2010 年第 6 期。

〔註30〕劉緯毅：《漢唐方志輯佚》，北京圖書館出版社，1997 年，第 359 頁。

〔註31〕〔宋〕樂史撰、王文楚等點校：《太平寰宇記》，第 1980 頁。

劉宋永初《郡國志》或南齊永明《郡國志》，或是西晉皇甫謐《郡國記》，或是西晉《太康郡國圖》，〔註32〕總之是六朝時期地志。

我們明白了《太平寰宇記》溫州的三京灣在閩北而不在溫州，此條來自唐代之前的永嘉郡的古代地方志，就不難明白三京灣的下一條白茶山爲何是在永嘉邑界了。原來這一條也不是在永嘉縣界，而是永嘉郡界，這就與《永嘉圖經》所說白茶山在永嘉郡外三百里吻合了。永嘉郡外三百里，就是永嘉郡邊界，也即現代福建與浙江交界。

劉敬叔《異苑》卷九：

> 永嘉陽童，孫權時俗師也。嘗獨乘船往建寧，泊在渚次，宵中忽有一鬼來，欲擊童，童因起，謂曰：「誰敢近陽童者？」鬼即稽顙云：「實不知是陽使者童。」便敕使乘船，船飛迅駛，有過猛帆，至縣乃遣之。

永嘉在今溫州，建寧應是建安郡之誤，在今福建，陽童往來閩浙，是走海路，他的本事是能用猛帆、駛快船。

五、唐代道教小說與浙東海島

唐代鄭還古《博異志》在《白幽求》條說：

> 唐貞元十一年，秀才白幽求，頻年下第。其年失志，後乃從新羅王子過海，於大謝公島，夜遭風，與徒侶數十人爲風所飄，南馳兩日兩夜，不知幾千萬里。風稍定，徐行，見有山林，乃整棹望之。及前到，山高萬仞，南面半腹，有城壁，臺閣門宇甚壯麗。維舟而升，至城一二里，皆龍虎列坐於道兩旁，見幽求，乃耽耽而視幽求⋯⋯俄有朱衣人自城門而出，傳敕曰：「西嶽眞君來遊。」諸龍虎皆俯伏曰：「未到。」幽求因趨走前，見朱衣人不顧而入。幽求進退不得。左右諸龍虎時時目幽求，盤旋次。門中數十人出，龍虎奔走，人皆乘之下山。幽求亦隨之，至維舟處，諸騎龍虎人皆履海面而行，須臾沒於遠碧中。幽求未知所適，舟中具饌次。忽見從西旗節隊伍，僅千人鸞鶴青鳥，飛引於路。騎龍控虎，乘龜乘魚。有乘朱鬣馬人，衣紫雲日月衣，上張翠蓋，如風而至。幽求但俯伏而已。乃入城門。幽求又隨覘之。諸龍虎等依前列位。與樹木花藥鳥雀等，皆應節盤

〔註32〕張國淦：《中國古方志考》，北京：中華書局，1962年，第54、57、62、63頁。

回如舞。幽求身亦不覺足之蹈之。食頃。朱衣人持一牒書，謂龍虎曰：「使水府眞君，龍虎未前。」朱衣人乃顧幽求授牒，幽求未知所適。朱衣曰：「使水府。」以手指之。幽求隨指，而身如乘風，下山入海底……幽求亦操舟，隨西嶽眞君後，自有便風，迅速如電。平明至一島，見眞君上飛而去。幽求舟爲所限，乃離舟上島，目送眞君，猶見旗節隱隱而漸沒。幽求方悔恨慟哭，而迢迤上島行，乃望有人煙，漸前就問，云是明州，又卻喜歸舊國。幽求自是休糧，常服茯苓，好遊山水，多在五嶽，永絕宦情矣。

　　白幽求跟隨新羅人出海，在大謝公島（今山東長島縣）遇到暴風，向南漂流，最終在明州（今寧波）上岸。他在中途遇到海島的神仙，這個故事或許反映了舟山群島有道觀。

　　南宋乾道《四明圖經》卷七昌國縣（今舟山）：

黃公祠，在縣東海中，四百里。晉天福三年置其祠，載於舊圖經……

蓬萊山，在縣東北四百五十里。四面大洋，耆舊相傳秦始皇遣方士徐福入海，求神仙靈藥，嘗至此。

東霍山，在縣東北海中，四面大洋。上有虎豹龍蛇，人跡罕至。耆舊相傳，古有仙者，隱於此山。有石碁盤，四圍皆修竹，風至則竹枝掃盤，絕無纖塵。若人使之然。

桃花山，在縣東南一百二十里。耆老相傳，安期先生學道煉丹於此，嘗以醉墨灑於山石上，遂成桃花紋。奇形異狀，宛若天然。人多取之以爲珍玩，故山號桃花，而鄉名安期，實出於此云……

安期先生洞，在馬秦山，去縣東南四百里。耆老相傳，安期生得道，隱於此洞，因以名鄉焉。

　　蓬萊山，即今岱山島，是舟山之北最大島。東霍山，今名東福山，傳說是徐福所到。桃花山，在今舟山東南。馬秦山，在舟山東南，即今朱家尖島。〔註33〕這些傳說反映了道教文化在舟山影響很大，雖然孫恩失敗，但是道教不可能在舟山群島消失。

〔註33〕周運中：《宋代寧波產生的中國最好地圖研究》，《中國港口》2017年增刊第2期。

不過唐代浙東沿海的佛教勢力越來越大，杜光庭《仙傳拾遺》卷二記載著名道士葉法善：

> 師居四明之下，在天台之東。數年，忽於五月一日，有老叟詣門，號泣求救。門人謂其有疾也，師引而問之，曰：「某東海龍也。天帝所敕，主八海之寶，一千年一更其任，無過者超證仙品。某已九百七十年矣，微績垂成，有婆羅門逞其幻法，住於海峰，晝夜禁咒，積三十年矣。其法將成，海水如雲，卷在天半，五月五日，海將竭矣。統天鎮海之寶，上帝制靈之物，必為幻僧所取。五日午時，乞賜丹符垂救。」

> 至期，師敕丹符，飛往救之，海水復舊。其僧愧恨，赴海而死。明日，龍輦寶貨珍奇以來報。師拒曰：「林野之中，棲神之所，不以珠璣寶貨為用。」一無所受，因謂龍曰：「此崖石之上，去水且遠，但致一清泉，即為惠也。」是夕，聞風雨之聲，及明，繞山麓四面，成一道石渠，泉水流注，經冬不竭，至今謂之天師渠。〔註34〕

葉法善是處州松陽縣人，天師渠現在仍在松陽縣。這個故事反映了浙江東部沿海道士和僧人的鬥爭，葉法善是內陸人，這說明唐代浙東沿海的道教勢力衰落，否則不需要內陸道士出場。雖然道教的傳說是道士獲勝，但是我們從歷史大勢來看，浙江東部的道教勢力在唐宋之後已經不如六朝時期，現在浙東缺乏道教名山。而洞天福地最集中的地方是浙東，竟未能發展出。台州的天台宗成為佛教重要流派，佛教的勢力勝過道教。

洞天福地，集中在溫州、台州到閩北，而不是寧波和閩南，本身就說明六朝以來的佛道勢力分野。寧波的四明山雖然也在洞天之中，但是洞天福地的數量遠遠不及溫臺。寧波很早就有阿育王寺等著名寺廟，佛教的勢力很大。寧波、閩南的佛教勢力可能原本比較興盛，到了唐宋時期，寧波、泉州崛起為重要國際海港，佛教等外來宗教的勢力更大。浙東南、閩東北可能正是因為交通不便，所以佛教勢力進入較晚。

唐代張說的《梁四公記》很值得研究，《太平廣記》卷四百一十八引此書一條說：

> 震澤中，洞庭山南，有洞穴，深百餘尺。有漁人茅公□，誤墮洞中，旁行，升降五十餘里，至一龍宮……為吳郡守具言其，事聞

〔註34〕〔唐〕杜光庭撰、羅爭鳴輯校：《杜光庭記傳十種輯校》，第792頁。

梁武帝，帝問傑公。公曰：「此洞穴有四枝：一通洞庭湖西岸，一通
蜀道青衣浦北岸，一通羅浮兩山間穴溪，一通枯桑島東岸。益東海
龍王第七女掌龍王珠藏，小龍千數衛護此珠。龍畏蠟，愛美玉及空
青而嗜燕。若遣使信，可得寶珠。」帝聞大嘉。乃詔有能使者，厚
賞之。

　　有會稽郡鄞縣白水鄉郎庾毗羅請行，傑公曰：「汝五世祖燒殺
鄞縣東海潭之龍百餘頭，還爲龍所害。汝龍門之完也，可行手？」
毗羅伏實，乃止。於是合浦郡洛黎縣甌越羅子春兄弟二人，上書自
言：「家代於陵水、羅水，龍爲婚，遠祖矜能化惡龍。晉簡文帝以臣
祖和化毒龍，今龍化縣，即是臣祖住宅也。象郡石龍，剛猛難化，
臣祖化之，化石龍縣是也。東海南天台、湘川、彭蠡、銅鼓、石頭
等諸水大龍，皆識臣宗祖，亦知臣是其子孫。請通帝命。」傑公曰：
「汝家制龍石尚在否？」答曰：「在。謹齎至都，試取觀之。」公曰：
「汝石但能制微風雨召戎虜之龍，不能制海王珠藏之龍。」又問曰：
「汝有西海龍腦香否？」曰：「無。」公曰：「奈之何御龍？」帝曰：
「事不諧矣。」公曰：「西海大船，求龍腦香可得。昔桐柏眞人，數
揚道義，許謐、茅容乘龍，各贈制龍石十斤。今亦應在，請訪之。」
帝敕命求之，於茅山華陽隱居陶弘景得石兩片。公曰：「是矣。」帝
敕百工，以于闐舒河中美玉，造小函二，以桐木灰發其光，取宣州
空青，汰其甚精者，用海魚膠之，成二缶，火堅之，龍腦香尋亦繼
至。傑公曰：「以蠟塗子春等身及衣佩。」又乃齎燒燕五百枚入洞穴，
至龍宮。守門小蛟聞蠟氣，俯伏不敢動。乃以燒燕百事賂之，令其
通問。以其上上者獻龍女，龍女食之大嘉。又上玉函青缶，具陳帝
旨。洞中有千歲龍能變化，出入人間，有善譯時俗之言。龍女知帝
禮之，以大珠三、小珠七、雜珠一石，以報帝。命子春乘龍，載珠
還國，食頃之間便至。龍辭去，子春薦珠。帝大喜。得聘通靈異，
獲天人之寶。

　鄞縣白水鄉郎，應即白水郎，《太平寰宇記》明州鄞縣：「東海上有野人……
土人謂之白水郎，脂澤悉用魚膏。」白水鄉是訛誤，鄞縣的白水郎主要在今
舟山群島，也即東海上。

　鄞縣是西漢因海洋貿易而興起的港城，南宋寧波地方志乾道《四明圖經》

卷二《鄞縣·山》:「鄞山在縣東三十六里,高二百八十丈,東北峰上有佛左足跡,下瞰阿育王寺。按《十道四蕃志》云:以海人持貨貿易於此,故名。」鄞縣城正在今寧波通往北侖港的山口,北侖一帶因為特殊的環境自古就是良港。因為此地是沿海要衝,所以僧人在此建阿育王寺傳教。

西晉陸雲說鄞縣:「去郡治不出三日,直東而行,水陸並通。西有大湖,廣縱千頃,北有名山,南有林澤。東臨巨海,往往無涯,汎船長驅,一舉千里。北接青徐,東洞交廣。海物惟錯,不可稱名。」〔註35〕鄞縣海路可通青州、徐州和交州、廣州,1956年寧波火車站12號漢墓出土了瑪瑙瑱,鄞縣高錢村漢墓出土了玻璃珠、玻璃瑱等,很像廣西合浦漢墓出土的玻璃珠、玻璃瑱等,很可能是從廣西走海路到達寧波。高錢村在寧波東南,漢代屬鄞縣。

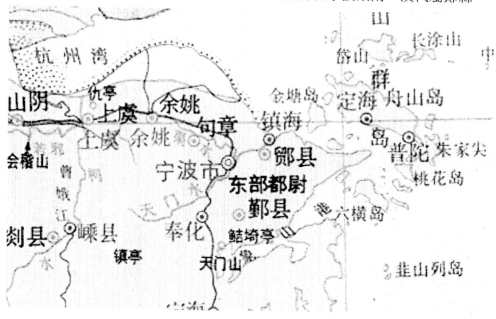

西漢鄞縣的位置圖〔註36〕

〔註35〕〔晉〕陸雲撰、黃葵點校:《陸雲集》卷十《答車茂安書》,中華書局,1988年,第175頁。

〔註36〕譚其驤主編:《中國歷史地圖集》第二冊,第24頁。

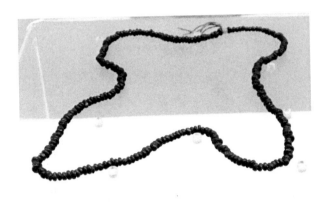 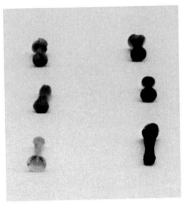

寧波高錢村出土東漢玻璃珠、玻璃瑱

　　合浦郡無洛黎縣，應是駱、黎，原來是民族，被誤抄爲地名。周去非《嶺外代答》卷三《五民》說：「欽民有五種：一曰土人，自昔駱越種類也。居於村落，容貌鄙野，以脣舌雜爲音聲，殊不可曉，謂之蔞語。二曰北人，語言平易，而雜以南音。本西北流民，自五代之亂，占籍于欽者也。三曰俚人，史稱俚獠者是也。此種自蠻峒出居，專事妖怪，若禽獸然，語音尤不可曉。四曰射耕人，本福建人，射地而耕也，子孫盡閩音。五曰蜑人，以舟爲室，浮海而生，語似福、廣，雜以廣東、西之音。」〔註37〕駱是駱越，黎即俚人，古代嶺南各地有俚人，黎通俚，但不是海南島的黎族。

　　陵水、羅水在陵羅縣，《太平寰宇記》卷一百六十七化州石龍縣：「廢陵羅縣，在州北一百二十里。漢高涼縣地，唐武德五年置羅州，六年改爲南石州，即此縣。羅水，在縣西北，源從禺州來，南合陵水。陵水，從禺州扶萊縣界流入，會羅水，二水相合爲陵羅水。」傳說羅子春的祖先，能化石龍，所以有石龍縣，《太平寰宇記》又說：「石龍岡，在州西南三里。上有石……右邊有文似龍形。」應是古代動物化石。吳川縣：「廢羅州，在縣西北一百一十里。本招義郡，理石城縣……宋元嘉三年，鎮南將軍檀道濟巡撫，於陵羅江口築造此城，因置羅州……廢幹水縣，在廢羅州西七十三里……按《南越志》云：招義縣，昔流人營也。義熙元年，立爲縣，後廢，唐再置……招義山，在廢縣西北二里。《圖經》云：昔有譚氏招義，於此山聚會，以討儋耳，因此爲名。」〔註38〕

〔註37〕　〔宋〕周去非著、楊武泉校注：《嶺外代答》，第144頁。
〔註38〕　〔宋〕樂史撰、王文楚等點校：《太平寰宇記》，第3196～3198頁。

羅州，在今廣東廉江之北。招義縣，在今廉江西北。其西有山州，治龍池縣，在今博白縣的龍潭鎮。故事中的龍化縣，應是龍池縣之訛，其南不遠就是海岸。北海即古代合浦郡，其南的海域是中國古代最著名的珍珠產地，所以才有龍宮取珠的傳說。

靠近今北海的地方，還有零綠縣，讀音接近陵羅，縣城在今廉江市西南的零綠村。《太平寰宇記》吳川縣：「廢零綠縣，在廢羅州西南一百二十里。本漢高涼縣地，唐武德五年析置。零烈水，在廢縣南三十里，源從廉江，流入大海。」零烈水是今九洲江，在零綠縣流入大海。零綠、零烈讀音近陵羅，而且在海邊，又靠近合浦，很可能是故事的發生地。

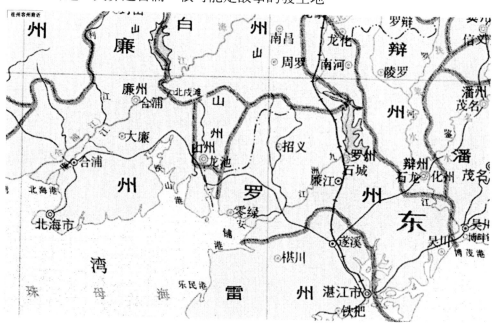

唐代合浦到陵羅一帶地圖〔註39〕

羅氏是甌越人，與龍為婚，其實是與龍戶為婚，龍戶即疍民。明人鄺露《赤雅》說：「蛋人神宮，畫蛇以祭，自雲龍種，浮家泛宅。」〔註40〕清人檀萃《談蠻》：「蜑人，海上水居蠻也，其來未可考。以舟為居，業漁或編簹，瀕水謂之水欄，辨水色，則知有龍，故曰龍戶。」澄海南關乾隆《天后廟碑》

〔註39〕譚其驤主編：《中國歷史地圖集》第五冊，第 71 頁。

〔註40〕鄭振滿：《媽祖是蛋人之後？》，《華南研究資料中心通訊》第七期，1997 年，第 61 頁。

說闖望港：「生斯土者，群以海爲命。自富賈大商，以暨龍戶、商人，咸以是託業焉。」

銅鼓、石頭等水，應是嶺南地名，嶺南越人以銅鼓爲寶物，《水經注》記載了珠江流域的一些銅鼓傳說，還記載珠江的一些支流有石灘。總之，這個故事充滿很多嶺南人才能熟知的細節。

庾毗羅的五世祖燒殺鄮縣東海潭的龍百餘頭，爲龍所害，因爲是龍的仇人，所以不能成行。但是合浦郡的羅子春，祖先也能擒拿惡龍，就能成行。我認爲這個傳說，反映了浙東蜑民在唐代的漢化。庾毗羅的名字可能出自佛教，佛教反對殺生，所以殺死白條龍是罪孽深重。

唐末的傳奇《靈應傳》說，涇州之東的水神九娘子，向涇原節度使周寶控訴她家的不幸遭遇，說：

> 妾家世會稽之鄮縣，卜築於東海之潭，桑榆墳隴，百有餘代。其後遭世不造，瞰室貽災，五百人皆遭庾氏焚炙之禍。纂紹幾絕，不忍戴天，潛遁幽岩，沉冤莫雪。至梁天監中，武帝好奇，召人通龍宮，入枯桑島，以燒燕奇味，結好於洞庭君寶藏主第七女，以求異寶。

> 尋聞家仇庾毗羅，自鄮縣白水郎，棄官解印，欲承命請行，陰懷不道。因使得入龍宮，假以求貨，覆吾宗嗣，賴傑公敏鑒，知渠挾私請行，欲肆無辜之害，慮其反貽伊戚，辱君之命。言於武帝，武帝遂止，乃令合浦郡落黎縣歐越羅子春代行。妾之先宗，羞共戴天，慮其後患，乃率其族，韜光滅跡，易姓變名，避仇於新平眞寧縣安村。

這個故事，其實是根據《梁四公記》造出，時代較晚，結構簡單。《梁四公記》結構完整，又見於《太平廣記》卷八一，而且有明確的思想，即弘揚道教，貶斥佛教。白水郎是蜑民，不存在官印，顯然是誤解。

有人不知這個故事出自《梁四公記》，說落黎是羅陵，又說白水郎是唐代才有的名稱，說枯桑島是鑒眞東渡所說的桑石山。〔註41〕我以爲不確，落黎是駱、俚，白水郎之名不可能是唐代突然出現。桑石山是今大衢山北的雙子山，〔註42〕即《四明圖經》的桑子山。這是一個很小的島，不可能是傳說中

〔註41〕魯西奇：《中古時代濱海地域的「水上人群」》，《歷史研究》2015年第3期。

〔註42〕〔日〕元開著、汪向榮校注：《唐大和上東征傳》，北京：中華書局，2000年，第52頁。

的龍王所居之地枯桑島。杜光庭《錄異記》卷五說：

> 海龍王宅，在蘇州東。入海五六日程，小島之前，闊百餘里。
> 四面海水黏濁，此水清，無風而浪高數丈，舟船不敢輒近。每大潮，
> 水漫沒其上。不見此浪，船則得過。夜中遠望，見此水上，紅光如
> 日，上與天連，船人相傳，龍王宮在其下矣。

龍王宮在蘇州之東，入海五六日，應在浙東遠離陸地的海域，所以海水較清，不知是不是枯桑島。

枯桑島的名字，其實出自漢代，《太平御覽》卷九百五十四引《漢武帝別國洞冥記》的佚文：

> 磅山之北有穴，穴上有柏。昔李少翁於闔陰，移來此穴，種此
> 柏，已見扶桑三枯，海水涸竭。帝覺，遣人往穴掘，不見其根，惟
> 見赤燕飛翻入雲。移柏植於通靈臺。

枯桑顯然源自扶桑三枯，磅山或即《拾遺記》磅磄山，也即《洞冥記》卷二的崵嵊山，說明《洞冥記》原來也是磅磄山。雖然我已經考訂磅磄山即方丈山，也即澎湖島，六朝人稱臺灣島南部為扶桑島。但是我們不知枯桑典故出現時，是否直接源自澎湖、臺灣。枯桑的讀音接近空桑，上文第二章第四節說過，空桑就是扶桑，而陶弘景《真誥》說八淳山（今臺灣）是扶桑太帝所居，則枯桑或許是指臺灣一帶。澎湖、臺灣的一些地方確實有洞穴，也有明顯的海潮漲落，還有鯨魚等海洋生物，所以《十洲記》說是群龍所聚，不知是否因此被看成是龍王所在。或許枯桑島就是指今澎湖、臺灣一帶，這也說明歷史上的浙閩海岸和臺灣聯繫密切。

第七章　臺灣硫磺與道士航海

一、許謐記載的臺灣、澎湖和海峽潮汐

陶弘景《真誥》卷十四：

> 八渟山，高五千里，周匝七千里，與滄浪、方山相連比。其下有碧水之海，山上有乘林真人郁池玄官，東王公所鎮處也。此山是琳琅眾玉、青華絳實、飛間之金所生出矣。在滄浪山之東北，蓬萊山之東南（此即扶桑太帝所居也。方山即方丈山也。海中山名，多載在《五嶽序》中耳）。

> 方丈之西北有陰成大山，滄浪西南有陽長大山，山周回各一千四百里，高七百里，其山多真仙之人所居處焉。此二山是陽九、百六曆數之標揭也。百六之運將至，則陽長水竭，陰成水架矣。陽九之運將至，則陰成水竭，陽長水架矣。頃者是陰成山水際已高九千丈矣，百六之來無復久時（陰成水際出山高，則是高乃應雲陽九，而言百六，似是誤言，亦可是水起際如此高，非先水退際爾。但水性平，又非湍瀨，二山相去不遠，未解那得頓孤懸如此）。

> 右二條有長史寫。〔註1〕

陶弘景說，這兩條是長史所寫，長史即許謐，卷二十說長史名謐，又說：「先生名邁，字叔玄，小名映，清虛懷道，退棲世外，故自改名遠遊。與王右軍父子周旋，子猷乃修在三之敬。」

滄浪、方山，就是滄浪、方丈，滄浪島是望安島。方丈山的西北海水上漲，則西南水落。西南海水上漲，則西北水落。我認為，這一條記載非常珍

〔註1〕〔梁〕陶弘景著、〔日〕吉川忠夫校注、朱越利譯：《真誥校注》，第466～467頁。

貴，絕非虛構。因為這種現象不是一般人所能想像，更無關道教成仙。而且原文又說，海水很平，不是山溪湍急，兩個島距離很近，不知為何會有這種現象。這句話更說明原文所說的現象不是胡編，連原作者聽說這種現象，也不知如何解釋。

根據我此前的研究，方丈山即方壺山，也即澎湖島。澎湖以北的水域是規則半日潮，澎湖以南是不規則半日潮為主的混合潮和全日潮為主的混合潮，分界線恰好就在澎湖一帶。根據現代地理學的研究，澎湖水道的轉向流，預示著臺灣海峽及其鄰近海區的漲潮或落潮的來臨。澎湖水道的潮流轉向北流，預示漲潮。如果轉向南流，預示落潮。臺灣海峽的落潮期，澎湖北側水流向東北流，南側水流向西南流，弱流區偏北。澎湖水道的海流，轉向北方，臺灣海峽進入漲潮期。漲潮期，海峽北部的南流持續加強，弱流區南移。澎湖水道的水流轉向南流，又進入落潮期。〔註2〕

陽長水竭，陰成水架，就是澎湖南側的水位低，對應漲潮期。此時澎湖水道向北的水流，也分出一支，在澎湖島兩側向北流，所以說陰成水架，也即水位升高。這種現象僅在漲潮之前出現，漲潮期的澎湖北部已經逐漸成為弱流區，水位不會明顯升高。

陰成水竭，陽長水架，就是澎湖北側的水位低，南側的水位高，對應落潮期。此時澎湖列島東西兩側的水流都是從北向南流，所以南高北低。

總的來說，因為臺灣東南的黑潮更強，所以澎湖南側的水位更高，所以澎湖南面的山稱為陽長山，北面的山稱為陰沉山，訛作陰成山。

說明古代臺灣海峽的航海者早已觀察到了海潮的規律，如果不是道教的書籍記載，我們不可能知曉。

再看八淳山，高五千里，周匝七千里，與滄浪、方山相連，比其下有碧水之海。所謂五千里、七千里等具體數字，自然不可輕信。我們可以比較這些島嶼數字，此山比方丈山大很多，也高很多，又鄰近方丈山，無疑是臺灣島。

又說此山出很多玉，也出金。臺灣島確實出玉、出金，而且高山族很早就崇奉玉器。我已經論證瀛洲就是臺灣島，《海內十洲記》、《拾遺記》說到瀛洲，必然提到出玉：

〔註2〕沙文鈺、呂新剛、張文靜、陳希：《環臺灣島海域全日分潮的特徵和潮汐、潮流的綜合性質》，《海洋科學》2002年第10期。

1. 《海內十洲記》：

> 瀛洲在東海中，地方四千里，大抵是對會稽，去西岸七十萬里。上生神芝仙草。又有玉石，高且千丈。出泉如酒，味甘，名之爲玉醴泉，飲之，數升輒醉，令人長生。洲上多仙家，風俗似吳人，山川如中國也。

2. 《拾遺記》卷十《諸名山》：

> 瀛洲一名魂洲，亦曰環洲……有金巒之觀，飾以眾環，直上干雲。中有青瑤幾，覆以雲紈之素，刻碧玉爲倒龍之狀，懸火精爲日，刻黑玉爲鳥，以水精爲月，青瑤爲蟾兔。

3. 《拾遺記》卷三：

> 扶桑東五萬里，有磅磄山……器則有岑華鏤管，沸澤雕鐘，員山靜瑟，浮瀛羽磬……岑華，山名也，在西海上，有象竹，截爲管吹之，爲群鳳之鳴。沸澤出精銅，可爲鐘鐸。員山，其形員枆。有大林，雖疾風震地，而林木不動，以其木爲琴瑟，故曰靜瑟。浮瀛，即瀛洲也。上有青石，可爲磬。

磅磄音近方丈，上古音的磅是旁母陽部 phang，方是非母陽部 piang，丈是定母陽部 diang，磄也是定母陽部 dang。大陂就是大湖，就是馬公內港，就是澎湖的原名平湖的由來。白色的大橘子，香飄數里，其實就是柚子。

員山就是屋久島，所出琴瑟，無疑對應《山海經》大壑琴瑟、《拾遺記》卷十的員嶠琴瑟。屋久島最著名的是杉樹，而杉木正是製作琴瑟的上好材料，因爲杉木不易變形，能長久保存。沸澤出精銅，可爲鐘鐸，令人想到以產銅著稱的日本，沸澤就是火山，鐘鐸則是日本彌生時代最重要的禮器銅鐸。浮瀛，即瀛洲，也是出青石，也即臺灣著名的青玉。這段材料來自不同途徑，唯缺蓬萊，多出岑華，基本可以對應《拾遺記》卷十的五大神山。而岑華很可能是蓬萊的形訛，因爲字形接近，而且象竹應是大竹，出自南洋。

八淳是臺灣島南部，瀛洲是臺灣島北部，直到明代中期，很多中國和歐洲人仍然誤以爲臺灣是南北兩個島。八淳之名很可能出自今臺南和嘉義之間的八掌溪，八掌溪是閩南語翻譯的地名，八掌的閩南語是 bat-tiang，讀音接近上古音的八淳是 pet-dyeng。或許源自南島語的荒野 padang，待考。

八掌溪在澎湖的東南，早期漢人先從閩南航海到澎湖，再向東南很容易到八掌溪，所以這裡成爲早期漢人登陸臺灣的要衝。英國牛津大學藏明末閩

南商人畫的航海圖上，臺灣島僅有兩個地名：北港和加裏林，說明北港非常重要，北港正是在澎湖之西。

　　荷蘭牧師 François Valentyn（1666～1727）的《新舊東印度志》於 1724 ～1726 年出版，其中有一幅《福爾摩沙與漁翁島圖》，此圖的大員灣北部緊鄰 Canaal van Wankan，即魍港海峽，其北部有 Ponikas 溪，[註3] 即北港溪，但不是今天嘉義和雲林之間的北港溪，而是今八掌溪。其南的 Mattamir 溪是麻豆溪，即今麻豆鎮之北的急水溪。[註4]

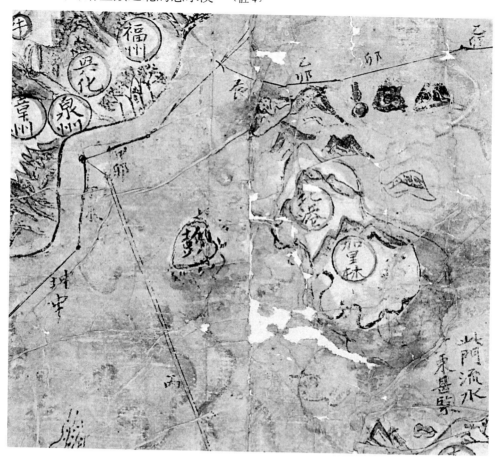

牛津大學藏明末閩商航海圖的臺灣附近截圖

〔註 3〕 呂理政、魏德文主編：《經緯福爾摩沙：16～19 世紀西方人繪製臺灣相關地圖》，第 82～83 頁。
〔註 4〕 我在此前出版的《正說臺灣古史》第 216～217 頁誤以為北港是今雲林北港，北港溪是今北港溪。

　　八掌溪的河口，明代是著名的北港。北港在萬曆年間興起，一度成為臺灣全島的名字，可見是最重要的港口。前人多認為在今雲林縣北港鎮與嘉義縣新港鎮之間，我認為不確，因為明代《福建海防圖》上的北港靠近大線頭和魍港，魍港在今臺南的北門鄉，大線頭是其西北部的沙洲，〔註5〕則北港應在今嘉義的南部。而且顏思齊的墓在今嘉義東南，雲林北港的位置太偏北。早期漢人集中在臺南，逐漸向北開發，嘉義的南部正是鄰接臺南。北港是地名通名，很多地方都有北港，所以容易被誤解。

　　許氏長居在玉環島，玉環島通蓬萊，所以許氏記載的澎湖、臺灣無疑是從海路獲得的信息。其實孫權派遣衛溫、諸葛直去夷洲（臺灣），就是從臨海郡出發，所以孫吳臨海太守沈瑩的《臨海水土異物志》記載了中國歷史上第一份夷洲的詳細資料。

　　以往的航海史研究，忽視了台州。其實台州是中國古代航海史上非常重要的地方，我考證出台州大陳島上的高梨頭就是嘉定《赤城志》東鎮山的高麗頭，是海船往高麗的航標，東鎮山是大陳島，島上出產的甲香來自嶺南，出產的昆布來自日本或朝鮮半島，出產的金漆木來自朝鮮半島。〔註6〕唐代的大陳島是東方海上貿易的中心，或許就有六朝時期的基礎。

　　古代的道士們不僅記載了上述資料，還有專門的《五嶽序》，記載很多海中名山，他們掌握的資料比我們現在看到的資料多。可惜這些寶貴的資料，很多已經看不到了。

二、《智慧經》的澎湖和臺灣針位

　　陶弘景《真誥》卷九：

> 方諸正四方，故謂之方諸。一面長一千三百里，四面合五千二百里，上高九千丈。有長明、太山、夜月、高丘，各周回四百里，小小山川如此間耳。但草木多茂蔚，而華實多舊槃。饒不死草、甘泉水，所在有之，飲食者不死。青君宮在東華山，上方二百里，中盡天仙上真宮室也，金玉瓊瑤，雜為棟宇。又有玄寒山，山上別為外宮，宮室週二百里。中方諸東西面，又各有小方諸，去大方諸三

〔註5〕周運中：《正說臺灣古史》，第240頁。
〔註6〕周運中：《台州大陳島：從唐代閩商基地到現代臺灣北門》，《海洋文明研究》第1輯，2016年。

千里。小方諸亦方面各三百里，周回一千二百里，亦各別有青君宮室，又特多中仙人及靈鳥靈獸輩。大方諸對會稽之東南，小看去會稽岸七萬里，東北看則有湯谷建木鄉，又去方諸六萬里（方諸是乙地，湯谷是甲地，則自寅至辰十萬里，方五隅七，言之邪角十四萬里，故去會稽七萬里也）。

大方諸之西，小方諸上，多有奉佛道者，有浮圖，以金玉縷之，或有高百丈者，數十曾樓也。其上人盡孝順而不死，是食不死草所致也。皆服五星精，讀夏《歸藏經》，用之以飛行（按夏曰《連山》，殷曰《歸藏》，與此不同。依如三弟子，雖奉佛道，不作比丘形服，世人謂在真菩薩家耳）。大方諸之東，小方諸上，多奇靈寶物，有白玉酒、金漿汗。青君畜積天寶之器物，盡在於此。亦多有仙人，食不死草，飲此酒漿，身作金玉色澤，常多吹九靈簫，以自娛樂，能吹簫者，聞四十里，簫有三十孔，竹長二三尺，九簫同唱，百獸抃儛，鳳凰數十來至，和簫聲。

大方諸宮，青君常治處也。其上人皆天真高仙，太極公卿、諸司命所在也，有服日月芒法，雖已得道為真，猶故服之（霍山赤城，亦為司命之府，唯太元真人南嶽夫人在焉。李仲甫在西方，韓眾在南方，餘三十一司命，皆在東華，青童為太司命，總統故也。楊君亦云東診執事，不知當在第幾位耳）……右此方諸真人法，出《大智慧經》上中篇，常能用之，保見太平。此即應是《消魔智慧》七篇之限也。右南極夫人所告。〔註7〕

陶弘景《登真隱訣》卷下：

太帝，紫晨君也（按入道望雲，令東南望扶桑太帝三素飛雲。又方諸在會稽東南，其東北則有湯谷。又云八渟山在滄浪之東北，蓬萊之東南。八渟山即太帝所治處也。又清虛王君東行，渡啟明、滄浪，登廣桑山，入始暉庭，謁太帝君，如此則扶桑在湯谷東南，於金陵正東亦小南看矣）。〔註8〕

這一段話說，方諸在會稽東南，在湯谷西南，八渟山在滄浪山東北、蓬

〔註7〕〔梁〕陶弘景著、〔日〕吉川忠夫校注、朱越利譯：《真誥校注》，第298～300頁。

〔註8〕〔梁〕陶弘景：《登真隱訣》，北京：中華書局，2011年，第57頁。

萊山東南，都和《真誥》對應。不同的是，又說到渡海，還說到湯谷在金陵（今南京）的正東稍南，其實就是在今日本。關於湯谷，我已有論證。

這兩段話說的方諸，就是方丈山，《海內十洲記》說：

> 方丈洲在東海中心，西南東北岸正等，方丈方面各五千里。上專是群龍所聚，有金玉琉璃之宮，三天司命所治之處。群仙不欲昇天者，皆往來此洲，受太玄生錄，仙家數十萬。耕田種芝草，課計頃畝，如種稻狀，亦有玉石泉，上有九源丈人宮主，領天下水神，及龍蛇、巨鯨、陰精、水獸之輩。

澎湖原名平湖，方丈、方諸、澎湖、平湖，讀音接近。方丈山，也是四方形，方諸山也是四方形，我已經論證，方丈山是澎湖島，澎湖島大致正是菱形。而且澎湖列島有很多火山島，上面平坦，被稱為方山地形。

方諸，也可能源自方渚，澎湖島的中間正是有一個海灣，即馬公內港。《拾遺記》卷十說方丈山：「有池方百里，水淺可涉。」指的也是馬公內港。

《拾遺記》說方丈山有龍，《海內十洲記》也說方丈山是群龍所聚，《真誥》說方諸有仙人。

所謂仙人，自然是從大陸來的移民，《海內十洲記》唯獨在方丈山說有數十萬人，還發展農業，正是因為澎湖島靠近大陸，所以人口最多。

方諸山有長明、太山、夜月、高丘、東華、玄寒等小丘，在今澎湖島。其東西各有小方諸，西面的小方諸是今西嶼島，東面的小方諸是今白沙島。白沙島在澎湖島之北，但是古人說在東，因為澎湖島最大的市鎮在馬公鎮，澎湖島、西嶼島、白沙島之間是澎湖內海，又名澎湖灣。馬公鎮在澎湖灣的中間，其東北是白沙島，所以說東西各有小方諸。這也說明澎湖島附近的滄海島不是西嶼島、白沙島，而是望安島。

大方諸在會稽郡的東南，去會稽岸七萬里，東北看則有湯谷、建木之鄉，又去方諸六萬里。這是原話，陶弘景推算說，方諸是乙地，湯谷是甲地，則自寅至辰十萬里，方五隅七，言之邪角十四萬里，故去會稽七萬里。

其實陶弘景的推算有誤，甲位是東偏北15°，乙位是東偏南15°，但是湯谷、建木在臺灣島，臺灣島和澎湖島的方位不是甲乙相對。

湯谷即扶桑所在，臺灣也有溫泉，所以此時也被稱為扶桑。《十洲記》不僅時代接近，而且說扶桑是太帝所居，和陶弘景所說八淳是太帝所居對應，說明湯谷在臺灣島。建木也是《山海經》中的神樹，此處指扶桑。

　　我在地圖上測量，從澎湖北部的白沙島，也即小方諸，到泉州東部海口的祥芝鎮是 145 公里，按照七比六推算，湯谷、建木之鄉在今臺中西北，從白沙到臺中的西北是 120 公里。這一帶是巴布拉、貓霧捒族居地，荷蘭人記載這一帶屬大肚王，清代黃叔璥《臺海使槎錄》卷六：「大肚山形，遠望如百雉高城，昔有番長名大眉。」說明這一帶歷史上發展較快，地處大肚溪、大甲溪、大安溪的河口平原，西北靠近南日島、平潭島，所以歷史上和大陸聯繫較多。

　　泉州是閩南最早的政治中心，所以航路從泉州出發，非常合理。這也印證了上文所說《十洲記》是閩南人最早的一篇海外地理著作，孫吳在今泉州設東安縣證明東漢泉州的崛起。

　　我們過去一般認為的中國古籍最早記載的針位，是南宋趙汝括《諸蕃志》卷上闍婆國說：「闍婆國，又名莆家龍，於泉州為丙巳方。」〔註9〕丙巳在南偏東，但是闍婆（爪哇）其實是在泉州的西南。之所以有這樣的錯誤，很可能是趙汝括等官員未曾出海，轉抄航海文獻時節略失誤，也有可能是航海文獻本來有缺或有誤，只記載了最末一段航海。中國的海船過了馬來半島，再轉東南到爪哇，所以記成了丙巳。南宋的針位記載尚且有誤，而六朝針路則更準。

　　《真誥》又說大方諸之東，小方諸上，多奇靈寶物，有白玉酒、金漿汾。有仙人，食不死草，飲此酒漿，身作金玉色澤，常多吹九靈簫，以自娛樂，能吹簫者，聞四十里，簫有三十孔，竹長二三尺，九簫同唱，百獸撲並，鳳凰數十來至，和簫聲。

　　這是描寫臺灣土著，《海內十洲記》說瀛洲：「出泉如酒，味甘，名之為玉醴泉，飲之，數升輒醉，令人長生。」玉醴泉酒就是白玉酒，我已經論證瀛洲是臺灣，大方諸之東的小方諸可能是今澎湖列島的一個小島，土著風俗接近臺灣，也有可能是古人把臺灣島我認為是澎湖之東的小方諸。

　　九靈簫是臺灣土著的鼻笛，臺北故宮博物院收藏的清代謝遂《職貢圖》，《諸羅縣蕭壠等社熟番》圖的文字說：「截竹為簫，長二三尺，以鼻吹之。」最令人稱奇的是，圖上說鼻簫長二三尺，而《真誥》引《智慧經》也說簫長二三尺，完全吻合。

　　古代鼻笛的流行範圍很廣，蕭壠社在今臺南市西北的佳里區。因為臺灣

西部平原的土著漢化，現代臺灣的鼻笛主要流行在排灣族和魯凱族中。〔註10〕

　　鼻笛主要用於男女戀愛、狩獵、迎客、喪葬，清代文人七十六《番社采風圖考》：「截竹爲管，竅四孔，長可尺二寸。通小孔於竹節之首，按於鼻橫吹之，高下清濁中節度、蓋亦可謚爲洞簫也。麻達夜間吹行社中，番女聞而悅之，引與同處。」清代郁永河《裨海紀遊》卷下：「婚姻無媒妁，女已長，父母使居別室中，少年求偶者皆來，吹鼻簫，彈口琴，得女子和之，即入與亂，亂畢自去；久之，女擇所愛者乃與挽手。」

清代謝遂《職貢圖》的臺灣蕭壟社人吹鼻簫圖

　　這一段話原來出自《大智慧經》，又說《消魔智慧》七篇，是南極夫人所說，可能是現在《道藏》正一部的《洞眞太上說智慧消魔眞經》，卷一說：「《智慧經》，一名《太素洞經》，或名《素慧傳》。凡有七卷，藏於玉清之關，高上虛皇丹房之裏矣。常使素靈玉女三千人，侍此七卷書也。」現在《道藏》本，《智慧經》僅有五卷。《眞誥》所引，不見於今本《智慧經》。

　　但是今本《智慧經》卷一提到服用月精日壽，又說：「東嬴白香，滄浪青錢，高丘餘糧，積石飛田，太虛還丹，太秦玄堅，長光流草，雲童飛千，亦能使上飛輕舉，起體霄冥矣。此天仙之所服，飛神之所研，非陸游之所聞，山客之所見也。」東瀛、滄浪、大秦都在海外，所以說這些珍寶不是陸上所

〔註10〕呂鈺秀：《臺灣音樂史》，五南圖書出版有限公司，2003 年，第 314～316 頁。

能見。總之，這一段話確實出自《智慧經》原本。服日月芒，也是行氣術，接近杜契、董奉之法，二者有關。

《無上秘要》卷二十二《三界宮府品》：

> 扶桑宮，明真殿，素林臺，積霄房。右在八淳山，太帝君所居。

> 丹闕黃房、雲景闕、琳霄室、那拂臺。右在方諸東華山，青童君所居。

扶桑宮在八淳山，證明扶桑山就是八淳山，我上文考證《十洲記》扶桑山是臺灣島南部，八淳山也是臺灣島南部。

三、臺灣硫磺、黃金與道士煉丹

東漢時期的福州出現了一個煉丹中心，但是現在的福建沿海找不到著名的金屬礦，我們不由得把目光投向臺灣北部。在臺灣島最北部恰好有金瓜石金礦和硫磺礦，古代福建和臺灣的航路其實很通暢。

硫磺對方士至關重要，很多丹藥都用到硫磺，著名的五石散就用到硫磺。葛洪《抱朴子・金丹》：「五石者，丹砂、雄黃、白礬、曾青、慈石也。」同書《登涉》：「又《金簡記》云，以五月丙午日日中，搗五石，下其銅。五石者，雄黃、丹砂、雌黃、礜石、曾青也。」唐代孫思邈《千金翼方》、《千金要方》記載五石散用白石英、紫石英、石鍾乳、赤石脂、石硫黃，雖然二者有所不同，但是仍然有硫磺。

廣州南越王墓出土了西漢初年的五色藥石，包括紫水晶、硫磺、雄黃、赭石、綠松石，還有一套搗藥器具。〔註 11〕說明道教產生的時間很早，而且很早就在沿海流傳，硫磺很早就是重要的煉丹用品。

還有學者指出，五石在《淮南子・地形》已有記載：〔註 12〕

> 正土之氣，御乎埃天，埃天五百歲生缺……

> 偏土之氣，御乎清天，清天八百歲生青曾……

> 壯土之氣，御於赤天，赤天七百歲生赤丹……

> 弱土之氣，御於白天，白天九百歲生白礬……

〔註11〕廣州市文物管理委員會等編：《西漢南越王墓》，文物出版社，1991 年，第 141頁。

〔註12〕王承文：《漢晉嶺南道教「丹砂靈藥」考》，《秦漢史論叢》第七輯，中國社會科學出版社，1998 年，第 140 頁。

　　牝土之氣，御於玄天，玄天六百歲生玄砥……

　　青曾即葛洪所說曾青，赤丹即葛洪所說的丹砂，白礬即葛洪所說白礬，慈石應即玄砥。則黃色對應雄黃，缺字指原文傳抄有缺字，《太平御覽》引作砆，我認為不確，因為按照體例應是兩個字，而且砆太不出名，顯然是後人誤解缺字，擅改為砆。

　　古人似乎很早就認識到硫磺的產地，《初學記》卷七引《博物志》：

　　凡水源有石流黃，其泉則溫。或云神人所暖，主療人疾。

　　臺灣地處亞歐板塊和太平洋板塊交界處，多地震、火山、溫泉，盛產硫磺，元代泉州海商汪大淵的名著《島夷志略》說琉球（臺灣）：「地產沙金、黃荳、黍子、硫黃、黃蠟、鹿、豹、麂皮。」沙金、硫磺，就在其中。

　　嘉靖三十四年（1555年）出使日本的鄭舜功，著有《日本一鑒》，此書的《滄海津鏡》是航海圖，畫出從中國到日本的航路。首頁繪出臺灣島，注：「小東島，即小琉球，彼云大惠國。」臺灣島北面畫出雞籠山，北面有硫黃山，畫出噴發氣體的情景，是今臺北大屯火山群。

鄭舜功《日本一鑒》地圖的臺灣與釣魚島附近

明代湖州人慎懋賞的《四夷廣記》說：

> 雞籠國、淡水國，俱出硫磺，杭人販舊破衣服換之，俱硫土，
> 載至福建海澄縣，掘一坑，加牛油做成。〔註13〕

雞籠即今臺灣最北部的基隆，淡水是臺北的淡水河口，又稱上淡水，相對屏東縣的下淡水而言。

明盧之頤《本草乘雅半偈》卷六《本經中品・石硫黃》說：

> 一種土硫黃，出閩漳對海，有山名雞籠頭，刮取山邊砂土，日
> 中暴乾，和牛脂煎研，去砂土，濾出清汁，乾之，即土硫黃也，入
> 藥亦佳。〔註14〕

此處說取漳州對面的雞籠頭砂土，與牛脂煎煮，即成土硫磺。其實漳州對面是臺灣南部，不過是因為在漳州製造，所以有此誤解。海澄縣在漳州的海口，所以《四夷廣記》說是海澄縣。

張燮《東西洋考》卷七說：「萬曆三年，中丞劉堯誨請稅舶以充兵餉，歲額六千，同知沈植條《海禁便宜十七事》著為令，於時商引俱海防官管給，每引徵稅有差，名曰引稅。東西洋海引稅銀三兩，雞籠、淡水稅銀一兩，其後加增東西洋稅銀六兩，雞籠淡水二兩。」其下列舉各種貨物的稅則說：「鹿脯每百斤稅銀四分，磺土每百斤稅銀一分。」又說：「萬曆四十三年恩詔量減各處稅銀，漳州府議東西二洋稅額貳萬柒千捌拾柒兩陸錢三分三釐，今應減銀三千陸百捌拾柒兩陸錢三分三釐，尚應徵銀貳萬三千肆百兩。」貨物抽稅見行則例又說到：「鹿脯每百斤稅銀三分四釐，磺土每百斤稅銀九釐。」〔註15〕

西班牙人的記載說，中國人用花布與臺灣北部先住民交換硫磺。康熙二十三年（1683年）林謙光的《臺灣紀略》也說：「磺產於上淡水，土人取之，以易鹽、米、芬布。」〔註16〕

六朝道士用來自臺灣的硫磺，也有證據，陶弘景《名醫別錄》卷二說，

〔註13〕〔明〕慎懋賞：《四夷廣記》，《玄覽堂叢書》，廣陵書社，2010年，第九冊第6854頁。

〔註14〕〔明〕盧之頤著、冷方南、王齊南校點：《本草乘雅半偈》，人民衛生出版社，1986年，第342頁。

〔註15〕〔明〕張燮著、謝方點校：《東西洋考》，北京：中華書局，2000年，第132、141～145頁。

〔註16〕吳奇娜：《17～19世紀北臺灣硫磺貿易政策轉變之研究》，第43頁。

石硫黃：「生東海牧羊中，及大山及河西山。」牧羊應是島名，唐末劉恂《嶺表錄異》卷上說：

> 陵州刺史周遇，不茹葷血。嘗語恂云：頃年自青社之海歸閩，遭惡風，飄五日夜，不知行幾千里也。凡歷六國：

> 第一狗國，同船有新羅客云是狗國，逡巡，果見如人裸形，抱狗而出。見船驚走。

> 又經毛人國，形小，皆被髮而身有毛蔽如狁。

> 又到野叉國，船抵暗石而損，遂搬人物上岸。伺潮落，閣船而修之。初，不知在此國，有數人同入深林採野蔬。忽為野叉所逐，一人被擒，餘人驚走，回顧見數輩野叉同食所得之人。同舟者驚愕無計，頃刻有百餘野叉皆赤髮裸形，呀口怒目而至。有執木槍者，有雌而挾子者，篙工賈客，五十餘人，遂齊將弓弩槍劍以敵之。果射倒二野叉，即昇拽朋嘯而遁。既去，遂伐木下寨，以防再來。野叉畏弩，亦不復至。駐兩日，修船方畢，隨風而逝。

> 又經大人國，其人悉長大而野，見船上鼓譟，即驚走不出。

> 又經流虬國，其國人麼麼，一概皆服麻布而有禮，競將食物求易釘鐵。新羅客亦半譯其語，遣客速過，言此國遇華人飄泛至者，慮有災禍。

> 既而又行徑小人國，其人悉裸形，小如五六歲兒，船人食盡，遂相率尋其巢穴。俄頃，果見，採得三四十枚以歸，分而充食。

> 後行兩日，遇一島，而取水。忽有群山羊，見人但聳視，都不驚避，既肥且偉。初疑島上有人牧養，而絕無人蹤。捕之，僅獲百口食之。〔註17〕

青社即青州，在今山東，狗國靠近韓國，可能在今濟州島，《三國志‧東夷傳》說：「又有州胡，在馬韓之西海中，大島上。其人差短小，言語不與韓同，皆髡頭如鮮卑，但衣韋，好養牛及豬。其衣有上無下，略如裸勢。乘船往來，市買韓中。」〔註18〕這是濟州島的最早記載，人形短小接近倭人，但

〔註17〕〔唐〕劉恂撰、魯迅校勘：《嶺表錄異》，廣東人民出版社，1983年，第12～13頁。

〔註18〕〔晉〕陳壽：《三國志》，第852頁。

是受到鮮卑文化和影響，狗國或在濟州島。

　　毛人即日本先住民阿伊努人（蝦夷），這是世界上體毛最發達的民族，多被日本人同化，殘部被排擠到北海道。野叉國、大人國、流虬應在今臺灣，野叉即夜叉，因爲食人得名，即鑒眞第五次東渡漂流到臺灣島遇到的食人族。大人也是臺灣的土著，早期到臺灣南部的歐洲人說土著很高大。流虬即流求，不是今琉球群島，今琉球群島是明初才改名琉球。又二日到澎湖，則在今嘉義到臺南一帶，此地的土著歷史上接觸漢人較多，所以喜好貿易。

　　小人國在今臺灣島，對應《三國志·東夷傳》日本南部的侏儒國。可能是小黑人，或是南島語系民族。

　　有羊群的島應是澎湖，下一站就是福建。元末汪大淵《島夷志略》第一條彭湖說：「山羊之孳生數萬爲群，家以烙毛刻角爲記，晝夜不收，各遂其生育。」〔註19〕清代杜臻《澎湖臺灣紀略》說澎湖：「羊特肥大。」〔註20〕

　　明末人《澎湖圖說》描述：

　　　　一望蒼莽，所謂中墩、太武等山，不過如行川原，其地熱多寒
　　少，風多雨少，石多泥少，且下盡斥鹵，水源鹹澀。每夏秋之交，
　　飛沙揚湍，豕狚葺而蛇斗拱。寔嘉禾美稻之所不蕃，惟平蕪芊芊，
　　牧畜或可耳。〔註21〕

　　澎湖多風少雨，所以適宜畜牧，羊群很多，野外放養，體型肥大。〔註22〕陶弘景所說的東海牧羊島很可能是澎湖，此處所出的硫黃其實是來自臺灣，通過貿易獲得，再轉售到大陸。

四、女道士從台州航行到硫磺山

　　關於道士去海外取硫磺，還有一則更直接的史料，楊吳溧水縣令沈汾的《續仙傳》卷上說：

　　　　謝自然，蜀華陽女眞也。幼而入道。其師以黃老仙經示之，一

〔註19〕〔元〕汪大淵著、蘇繼廎校釋：《島夷志略》，北京：中華書局，1981 年，第13 頁。
〔註20〕〔清〕杜臻：《澎湖臺灣紀略》，《臺灣歷史文獻叢刊》第 18 冊，臺灣省文獻委員會，1993 年，第 2 頁。
〔註21〕〔明〕陳仁錫：《皇明世法錄》卷七十五，《四庫禁燬書叢刊》編委會：《四庫禁燬書叢刊》史部第 16 冊，北京：北京出版社，1997 年，第 222 頁。
〔註22〕周運中：《正說臺灣古史》，第 117～121 頁。

覽皆如舊讀，再覽誦之不忘。及長，神情清爽，言談迥高。好琴阮，善筆札，能屬文。常鄙卓文君之為人，每焚修，瞻禱王母、麻姑，慕南嶽魏夫人之節操。及年四十，出遠遊往青城、大面、峨媚、三十六靖廬、二十四治。尋離蜀，歷京洛，抵江淮，凡有名山洞府靈跡之所，無不辛勤歷覽。後聞天台山道士司馬承禎，居玉霄峰，有道孤高，遂詣焉，師事承禎三年……自然乃歎曰：「明師未錄，無乃命也。每登玉霄峰，即見滄海蓬萊，亦應非遠，人間恐無可師者。」於是告別承禎，言去遊蓬萊。

罄捨資裝，布衣絕粒，挈一席以投於海，泛於波上。適新羅船見之，就載。及登船數日，但見海水碧色，日落則遠浪相矚，陰火連天，船在火焰中行。逾年，船為風飄，入一色水如墨，又一色水如粉，又一色水如朱，又一色水黃，若硫黃氣。忽風轉，船乃投易澳中，有山，日照如金色，亦有草樹、香霧，走獸與禽皆黃色。船人俱上山，見石無大小，悉是硫黃。賈客遽棄別貨，盡載其石。凡經四色水，每過一水，皆三虔敬，終五晝夜。風帆所適，莫知遠近。

復行月餘，又為□橫風所飄，海人惶戚，舟人恐懼。遙見水上，湧出大山，上列紅旗千餘面。海師言是鯨魚揚鬣。又晴天，忽見氣直上，高百餘里，傍若暴風雨。此魚腦有井，噓吸則氣出如此。復見海人、怪獸、鬼神，千態萬狀。自然乃焚香，想蓬萊，禱祝須臾，俄到一山，見林木花鳥，煙嵐若春。海師登山，望有屋舍人家甚眾。自然謂曰：「豈非仙山也？」而海師言：「船人可登山歇泊，以候風便。」俄而，人皆登山散遊。而自然獨遊一處，有道士數人，侍者皆青衣。有樹，風動如金石聲。花草香，薰人徹骨。彩鸞、霜鶴、碧雞、五色犬遊於庭際。中有一人，花冠霞被，狀貌端美。青衣引自然入，虔懇禮謁。道士問：「欲何往？」自然曰：「蓬萊尋師，求度世去。」道士笑曰：「蓬萊隔弱水，此去三十萬里，非舟檝智可行，非飛仙莫到。天台山司馬承禎，名在丹臺，身居赤城，此乃良師也，可以回去。」俄頃風起，聞海師促人登船，言風已便。及揚帆，又為橫風飄三日，卻到台州岸。自然欣然，復往天台，具言其實，以告承禎，並謝前過。承禎曰：

「俟擇日升壇以度。於是傳授上清法。」後卻歸蜀，至永貞元年中，白日上升而去。節度使韋皋奏之。

這則史料雖然時代稍晚到唐代，但是非常寶貴，記載女道士謝自然從台州乘船去硫磺山的全過程。

謝自然上的是新羅船，因為唐代確實有很多海船往來於新羅和台州之間。除了上文所說的證據，嘉定《赤城志》卷二《坊市》黃岩縣：「新羅坊，在縣東一里。舊志云，五代時以新羅國人居此，故名。」卷十九《山》臨海縣：「新羅嶼，在縣東南三十里。昔有新羅賈人艤舟於此，故名。」

謝自然經過的黑色、粉色、紅色、黃色四種顏色海面，也有依據。因為黑潮流經臺灣兩側，所以從福建出發到臺灣，也要經過黑水溝。黑潮的支流，顏色稍淡，稱為紅水溝。

清代康熙三十六年（1697年），福州府海防同知幕僚郁永河到臺灣採集硫磺，撰有《採硫日記》，又名《裨海紀遊》，卷上說從廈門出發：

二十二日，平旦，渡黑水溝。臺灣海道，惟黑水溝最險。自北流南，不知源出何所。海水正碧，溝水獨黑如墨，勢又稍窪，故謂之溝。廣約百里，湍流迅駛，時覺腥穢襲人。又有紅黑間道蛇及兩頭蛇繞船游泳，舟師以楮鏹投之，屏息惴惴，懼或順流而南，不知所之耳。紅水溝不甚險，人頗泄視之。然二溝俱在大洋中，風濤鼓蕩，而與綠水終古不淆，理亦難明……二十四日，晨起，視海水自深碧轉為淡黑，回望澎湖諸島猶隱隱可見，頃之，漸沒入煙雲之外，前望臺灣諸山已在隱現間。更進，水變為淡藍，轉而為白，而臺郡山巒畢陳目前矣。

郁永河看到黑水、紅水、藍水、白水，雖然謝自然走的不一定是同樣的航路，但是多種顏色的海面確有依據。郁永河登上臺灣島之前看到的白水，相當於謝自然看到的黃水，因為混雜了淡水和泥沙，所以是黃白色。

逾年或是誤字，下文說是五晝夜。今九州島西南也有硫磺島，但是最有可能是臺灣島北部。

謝自然在海上看到紅旗千餘面，海師說是鯨魚揚鬣，其實不是鯨魚，而是皇帶魚（*Regalecus glesne*）的背鰭。皇帶魚是最長的硬骨魚，體長 3 到 6 米，所以很多人誤以為鯨魚。皇帶魚的背鰭紅色，從頭部延伸到尾部，頭部的紅色鬃冠高聳，所以說像紅旗。

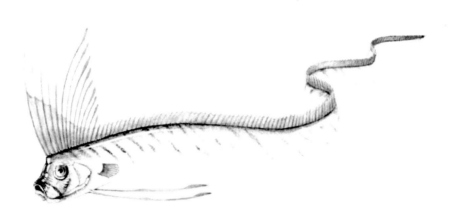

皇帶魚

皇帶魚是深海魚，經常因爲地震而到海面，又名地震魚。2011 年 4 月 6 日，臺灣苗栗漁民在竹南崎頂近海，捕獲一條 3.5 米長的皇帶魚。9 月底，成功鎮漁民在三仙臺海域捕獲一條長 4.63 米、重約 80 公斤的皇帶魚，而 9 月 22 日花蓮恰好發生 5.2 級地震。2012 年 6 月 15 日，有人在花蓮縣立霧溪海口海灘，發現 1 條長約 6 米的皇帶魚。2013 年 10 月 28 日，有人在臺東海灘，釣上 1 條長 5 米的皇帶魚。2016 年 4 月 20 日，漁民在花蓮縣新城鄉康樂村捕獲一條長 3 米的皇帶魚，此前發生地震。臺東太麻里漁民捕獲 2 條長 4 米多、重 45 公斤的皇帶魚。謝自然在海面看到皇帶魚，很可能也發生了地震。

明代描寫鄭和下西洋的小說《三寶太監西洋記通俗演義》第九十六回說：

> 鰍王苦不甚長，約有三五里之長，五七丈之高，背上有一路髻
> 槍骨，顏色血點鮮紅，遠望著紅旗靡靡，相逐而來。

顯然，鰍王就是皇帶魚，這裡也說背上有紅旗，這是海船上常見的傳說，這本明代小說的很多內容都有可信之處。

南宋洪邁《夷堅志·乙志》卷十六：

> 趙丞相居朱崖時，桂林帥遣使臣往致酒米之饋。自雷州浮海而南，越三日，方張帆早行。風力甚勁，顧見洪濤間，紅旗靡靡，相逐而下，極目不斷，遠望不可審。疑爲海寇，或外國兵甲，呼問舟人。舟人搖手令勿語，愁怖之色可掬。急入舟，被髮持刀，出蓬背立，割其舌，出血滴水中，戒使臣者。使閉目坐船內，凡經兩時頃。聞舟人相呼曰，更生更生，乃言曰，朝來所見，蓋巨鰌也。平生未嘗睹。所謂紅旗者，鱗鬣耳，世所傳吞舟魚，何足道。使是鰌與吾

舟相值，在十數里之間，身一展轉，則已淪溺於鯨波中矣。籲可畏
哉！是時舟南去，而鯔北上，相望兩時，彼此各行數百里，計其身
當千里有餘。莊子鯤鵬之說，非寓言也。時外舅張淵道爲帥云，張
子思說得之於使臣，舅不知也。

朱崖是海南島，從雷州向南是瓊州海峽，航海者知道海上的紅旗是大魚
的麟鬣，其實是皇帶魚的背鰭。傳說有數千里長，這是誇張，也是誤解，航
海者看到的不止一條皇帶魚而已。

明代黃衷《海語》卷下《物怪》的海神條：

　　風柔浪恬，島嶼晴媚，倏然紅旗整整，擁浪而馳，迅若激電，
火長即焚香，長跪，率眾而拜曰：此海神遊也！整整紅旗者，夜叉
隊也，遇者吉矣！

顯然也是海鰍，不過此書不是小說，所以說是吉兆，因爲皇帶魚對海船
確實沒有威脅。

又看到海面有氣直上，高百餘里，傍若暴風雨。此魚腦有井，噓吸則氣
出如此，這是鯨魚噴水。

古人時常混淆皇帶魚和鯨魚，統稱爲海鰍或海鯔。《太平御覽》卷九百三
十八，引孫吳沈瑩《臨海水土記》曰：「海鯔長丈餘。」又引梁元帝蕭繹《金
樓子》曰：「鯨鯢，一名海鯔，穴居海底。鯨入穴則水溢，溢爲潮來。鯨既出
入有節，故潮水有期也。」又引唐代劉恂《嶺表錄異》曰：「海鯔魚，即海上
最偉者也，其小者亦千餘尺。」皇帶魚在深海，千餘尺是誇張。

明代屠本畯《閩中海錯疏》：「鱓，似蛇無鱗，黃質黑章，體有涎沫，生
水岸泥窟中，能雨水中上升，夜則昂首北向，一名泥猴……鯔，似鱓而短，
首尖而銳，色黃無鱗，以涎自染難渥。」海鯔類似鱔魚，則海鯔是皇帶魚。《初
學記》卷三十引沈瑩《臨海水土異物志》曰：「鯉魚長百步，俗傳有七里鱸魚。」
此處的鯉魚是鱓魚之形誤，鱓魚即鱔魚。

明代陸容《菽園雜記》卷十二說：

　　劉時雍爲福建右參政時，嘗駕海舶至鎮海衛，遙見一高山，樹
木森然，命帆至其下。舟人云：「此非山，海鰍也。舟相去百餘里則
無患，稍近，鰍或轉動，則波浪怒作，舟不可保。」劉未信，注目
久之，漸覺沉下。少頃，則滅沒不見矣，始信舟人之不誣。蓋初見
如樹木者，其背鬣也。

鎮海衛（在今漳浦縣東南）海面的海鰍，像山一樣，顯然是鯨魚，而不是皇帶魚或鱘魚。

皇帶魚經常被航海者誤傳為巨大的海蛇或白龍王，晚唐人杜光庭《錄異記》卷五說：

> 南海中有山，高數十里，周回百里。每年夏月，有巨蛇，繳山三四匝，飲海水，如此為常。一旦飲海水之次，有大魚自海中來吞此蛇，天地晦暝，久之不復見。

南海巨蛇應是皇帶魚，所謂飲海水，很可能是因為皇帶魚出現時有地震，引發海水翻滾，出現誤傳。

利瑪竇（Matteo Ricci）編寫的《葡漢詞典》，其中 balea 的漢譯就是海鰍二字，〔註23〕balea 是葡萄牙語的鯨魚，說明利瑪竇和一些明代中國人認為海鰍就是鯨魚。

謝自然在海上又航行了一個月，到一處，類似春天，遇到道士，建議她回台州。很可能是到了南臺灣，距離大陸不遠，所以很快回到台州。

這個故事的本質是要宣揚海上仙山不能找到，反映了司馬承禎對海上仙山的排斥態度，折射出唐代道教疏離航海的趨勢。

唐代還有一本書，講述渤海人李光玄不僅在海上經商，還追求煉丹術，此書即《金液還丹百問訣》，收入明代正統《道藏》洞真部方法類。還收入此書另一個版本，稱為《海客論》。此書開頭說：

> 昔李光玄者，渤海人也。少孤連氣，僮僕數人，家積珠金鉅萬。光玄年方弱冠，乃逐鄉人，舟船往來於青社、淮浙之間，貨易巡歷。後卻過海，遇一道人，同在舟中，朝夕與光玄言話，巡歷新羅、渤海、日本諸國。
>
> 光玄因謂道人曰：「中國豈無好事耶，爭得過海遊歷。」
>
> 道人曰：「我於世上，喻若浮雲，心無他事，是以過海。」光玄異之，因更日夜與道人擘言論。
>
> 道人乃謂光玄曰：「郎君家更有何資產？」
>
> 光玄曰：「余少孤，兄弟僮僕數人，家財鉅萬。」

〔註23〕魏若望主編《葡漢詞典》，葡萄牙東方圖書館、東方葡萄牙學會、利瑪竇中西文化研究所出版，2001 年。

道人曰：「既家資如此，何得遠涉風波，更求其利，漫漫大海，浩浩長波，一旦傾危，蟲魚得便，此何智也？」

光玄答曰：「我非爲財涉此風波，余暗思人世，皆如夢幻，朝霞曉露，豈可久長，石火電光，瞥然則滅。人生若此，寧可思惟。舊冢未乾，新墳相次。壘金遍地，全不關身。積玉倚天，豈能留命。所以經涉海浪，直入外方，意在尋訪眞人，問求達士，欲有何術，可救生前。及到外方，又無所遇，不逢英哲，遂且歸鄉，誠意如斯，非爲財貨。」

下文講述李光玄得到了道士傳授的行氣術，而未得到煉丹術。李光玄雲遊海島十多年，來往於山東、淮南、浙江、新羅、日本之間，被稱爲海客。後來又到中國，己酉年到嵩山，得到道士玄壽的煉丹術。這個故事也說明，海上有很多道士追求煉丹術。

新羅也有人到中國求道，《三國史記》：「眞平王九年秋七月，大世、仇柒二人適海……將乘槎吳越，以至吳越，侵尋追師，訪道於名山。」〔註24〕

五、浙閩到臺灣航路的證據

孫權派衛溫、諸葛直率艦隊到夷洲（臺灣），臨海太守沈瑩《臨海水土志》有夷洲詳細記載，開頭說：「夷洲在臨海東南，去郡二千里。」說明艦隊很可能從臨海郡出發，孫吳臨海郡的南部羅江縣在今福建省北部。

孫吳在今浙江省南部的居民，是臺灣土著的分支，《臨海水土志》說：「安家之民，悉依深山，架立屋舍於棧格上，似樓狀。居處、飲食、衣服、被飾與夷州民相似……今安陽、羅江縣民是其子孫也。」《宋書》卷三十五《州郡志一》揚州永嘉郡：「安固令，吳立曰羅陽，孫皓改曰安陽，晉武帝太康元年更名。」〔註25〕安陽縣即晉安固縣，在今浙江瑞安。

孫吳在閩浙沿海建立了很多造船基地，《宋書》卷三十五永嘉郡：「橫陽令，晉武帝太康四年，以橫嶼船屯爲始陽，仍復更名。」〔註26〕卷三十六晉安郡：「原豐令，晉武帝太康三年，省建安典船校尉立……溫麻令，晉武帝太

〔註24〕〔朝〕李能和輯述、孫亦平校注：《朝鮮道教史》，齊魯書社，2016年，第45頁。
〔註25〕〔梁〕沈約：《宋書》，第1037頁。
〔註26〕〔梁〕沈約：《宋書》，第1037頁。

康四年，以溫麻船屯立。」〔註27〕橫陽縣在今浙江平陽，原豐縣在今福建閩江口，溫麻縣在今霞浦縣，西晉初年立縣。《太平御覽》卷七百七十引周處《風土記》：「小曰舟，大曰船。溫麻五會者，永寧縣出豫林，合五板以爲大船，因以五會爲名也。」左思《吳都賦》：「篙工楫師，選自閩禺。」

漢武帝元鼎六年（前111年）滅閩越，樓船將軍楊僕出武林，《鹽鐵論》卷四《地廣》：「橫海征南夷，樓船戌東越。」〔註28〕說明樓船將軍一直鎮守在福建，《無上秘要》卷八十三《得地仙道人名品》：「范丘林，漢樓船將軍衛行道之婦，保命趙丞，受六甲師。」衛行道不見於史書，但是這條記載能說明漢代福建水軍之中流行道教。

西晉浙南閩東地圖〔註29〕

〔註27〕　〔梁〕沈約：《宋書》，第1093頁。
〔註28〕　〔漢〕桓寬著、王利器校注：《鹽鐵論校注》，北京：中華書局，1992年，第231頁。
〔註29〕　底圖出自譚其驤主編：《中國歷史地圖集》第三冊，第56頁。溫麻縣是本書添加。

《太平寰宇記》卷一百福州侯官縣：

> 月嶼，越王石。《輿地志》：侯官縣南百餘里，海邊有月嶼，出
> 海蛤。海邊又有越王石，常隱雲霧，相傳唯清廉太守乃得見。宋元
> 徽中，太守虞願觀見無隱。〔註30〕

侯官縣月嶼，在縣南百里，早已歸屬武則天聖曆二年（699年）析出的福清縣，而《太平寰宇記》福清縣僅有縣名，說明樂史不明福清地理，仍然把月嶼放在侯官縣下。《輿地志》是南朝陳代顧野王所撰，此處的月嶼為南朝之事。月嶼即今莆田市秀嶼區南日群島東北角的東月嶼、小月嶼，原屬福清，嘉慶三年（1798年）才析置平潭廳。

孫吳臨海太守沈瑩《臨海水土志》說夷洲（臺灣）：「山頂有越王射的，正白，乃是石也。」月嶼看到的越王石也在今臺灣，所謂常隱雲霧，對應《隋書》所說的煙霧之氣，《隋書・流求國傳》說：

> 流求國居海島之中，當建安郡東，水行五日而至……大業元
> 年，海師何蠻等，每春秋二時，天清風靜，東望依希似有煙霧之氣，
> 亦不知幾千里。〔註31〕

南宋崇安縣（今武夷山市）人祝穆所著《方輿勝覽》卷十三興化軍（治今莆田市）說：「湄州山，去郡東北七十里，在海上，與流求國相望。」〔註32〕

南宋梁克家（1128～1187）《三山志》卷六《海道》說：

> 東：南匿、草嶼、塘嶼。昭靈廟下，光風霽日，窮目力而東，
> 有碧拳然，乃琉求國也。每風暴作，釣船多為所漂，一日夜至其界。
> 其水東流而不返，莎蔓錯織，不容轉柁，漂者必至而後已。其國人
> 得之，以藤串其踵，令作山間。蓋其國刳木為盂，乃能周旋莎蔓間。
> 今海中大姨山，夜忌舉火，慮其國望之而至也。〔註33〕

在南匿（南日島）、草嶼、塘嶼一帶海域東望看到的琉求國無疑是臺灣，從南日島的東南角到苗栗縣海岸的最短直線距離只有 133 千米，到達臺中的大甲溪口的直線距離只有 135 千米，所以說一日一夜能到。

〔註30〕〔宋〕樂史撰、王文楚等點校：《太平寰宇記》，第 1994 頁。
〔註31〕〔唐〕魏徵等：《隋書》，第 1823～1825 頁。
〔註32〕〔宋〕祝穆撰、祝洙增訂、施和金點校：《方輿勝覽》，北京：中華書局，2003
年，第 218～219 頁。
〔註33〕〔宋〕梁克家：《三山志》，第 45～46 頁。

臺灣原住民用藤條穿透人腳，還有一個宋代的證據，洪邁《夷堅志·乙志》卷八：

> 明州人泛海，值昏霧四塞，風大起，不知舟所向。天稍開，乃在一島下。兩人持刀登岸，欲伐薪。望百步外有筊籬，入其中。見蔬茹成畦，意人居不遠。方蹲踞摘菜，忽聞拊掌聲。視之，乃一長人，高出三四丈，其行如飛。兩人急走歸，其一差緩。為所執，引指穴其肩成竅，穿以巨藤，縛諸高樹而去。俄頃間，首戴一鑊復來。此人從樹杪望見之，知其且烹己，大恐。始憶腰間有刀，取以斫藤。忍痛極力，僅得斷。遽登舟斫纜，離岸已遠。長人入海追之，如履平地。水才及腹，遂至前執船。發勁弩射之不退，或持斧斫其手，斷三指落船中，乃捨去。指粗如椽，徐兢明叔云嘗見之，何德獻說。

明州（今寧波）人漂到島上有很高的人，顯然是臺灣土著，早期到臺灣的歐洲人都說臺灣土著很高，他們也用藤條穿透俘虜的鎖骨。

乾隆《福寧府志》卷四十一有宋代長溪縣（治今霞浦縣）令劉鎮《浮膺山》一詩云：

> 馬頭過了又驢頭，何處飛來海上洲。
>
> 絕頂試窮千里目，煙波深處是琉球。[註34]

劉鎮是宋寧宗趙擴嘉泰二年（1202年）進士，浮膺山是今霞浦縣浮鷹島，其東南就是東湧島（東引島），再東南是臺灣，說明南宋時人知曉從這裡向東南通往臺灣。湧的閩語讀作引，湧是波浪。東湧在閩江口之東，東湧是正名，本來是指在東部海域。引是引導，也可以理解為引導海船開往臺灣。

陸游《劍南詩稿》卷八《步出萬里橋門至江上》詩云：

> 常憶航巨海，銀山卷濤頭。
>
> 一日新雨霽，微茫見流求（在福州泛海東望，見流求國）。

陸游在宋高宗趙構紹興二十八年（1158年）任福州寧德縣（治今寧德市）主簿，兩年後返都，此詩作於此時。

同書卷五十九還有《感昔》詩云：

> 行年三十憶南遊，穩駕滄溟萬斛舟。
>
> 嘗記早秋雷雨後，舵師指點說流求。

[註34] 傅璇琮主編：《全宋詩》，北京大學出版社，1998年，第34269頁。

說明古代從寧德、福州、莆田一帶到臺灣，距離很近，福建沿海人很熟悉臺灣航路。

臺北淡水河口地區在 2000～1800 年前出現了臺灣最早的金屬文化，約2000 年前開始接觸到外來的青銅器，1800 年前使用和製作各種金屬器。十三行遺址出土的 90 多枚中國銅錢多數是唐宋時期，有一枚可能是魏晉南北朝時期的五銖錢。這裡出土的青銅刀、珠飾、玻璃可能來自東南亞或中國大陸，而一個鎏金銅碗應是來自唐朝的大陸，晚期文化有大量宋元瓷器。〔註35〕

臺灣最北部的土著是巴賽族，分布金山在到三貂角地區。劉益昌認為，淡水河口的十三行文化（850～1800 年前）可能就是巴賽族的祖先。〔註36〕

西班牙人初到臺灣島北部時，發現巴賽人就是高超的工匠和商人，而且與周圍民族非常和睦，1632 年西班牙的 Esquivel 神父報告說：

> 他們以捕魚、狩獵、曬鹽、製造弓箭、房舍、衣服以及耕種土地的鐵器為生，他們簡直是其他社民的手足，後者不會製造這樣的器物。因此所有的社民都對他們很友善，他們也到各村社去購買稻米與玉米做為食物，自己則不從事這方面的耕種。因此，他們比起其他留在他們自己村社裏播種田園上的小農，或在鄰近曠野捕獵的天真無邪社民，來得聰明多聞。

又引 1634 年住在基隆的日本人喜左衛門說：

> （噶瑪蘭）居民（從金包里人）取得鹽漬、魚、印花布、醬油以及銅製手環，這些是雞籠的漢人賣給金包里人，金包里人用船沿著海岸到當地與他們交易，因為無陸路交通可到他們那裡。

金包里是巴賽族三大社群之一，這裡是硫磺產地，所以金包里人可以交換很多漢人商品，然後再從海路轉賣到宜蘭平原。〔註37〕

淡水河口地區進入鐵器時代正是中國大陸烽煙四起的東漢末年，而東漢時期的中國南方又是一個開發高潮時期，所以此時可能有南方漢人來到臺

〔註35〕劉益昌：《淡水河口的史前文化與族群》，臺北縣十三行博物館，2002 年，第112～131 頁。臧振華：《十三行的史前居民》，臺北縣十三行博物館，2002 年，第 45～53 頁。

〔註36〕劉益昌：《再談臺灣北、東地區的族群分布》，劉益昌、潘英海主編《平埔族群的區域研究論文集》，臺灣省文獻委員會，1998 年。

〔註37〕翁佳音：《近世初期北部臺灣的貿易與土著》，黃富三、翁佳音主編《臺灣商業傳統論文集》，中研院臺灣史研究所籌備處，1999 年。

灣，北臺灣的先民無疑在此時與大陸文化有深入交流。我認爲這就是臺灣最北部的凱達格蘭族的血緣介於臺灣先住民和福建人之間的原因，因爲漢末有一些大陸沿海移民到達臺灣島。

　　南臺灣也恰好在同時進入鐵器時代，根據臺南的南科園區考古發現，距今1800～1400年前進入蔦松文化，〔註38〕也是漢末，很可能也是因爲東漢華南的開發或漢末戰亂導致漢人把鐵器製作技術傳入南臺灣。

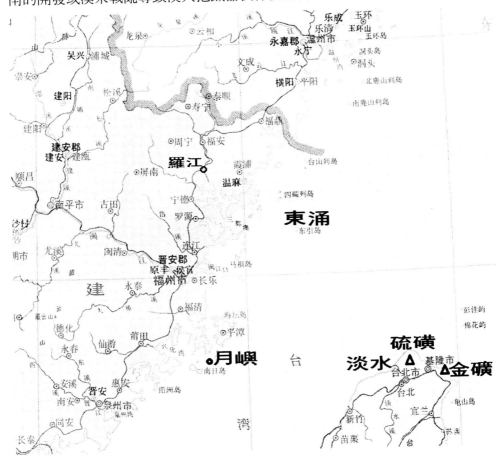

南朝臺灣礦產與閩臺航路〔註39〕

　　東漢末年到魏晉時期的大戰亂中，很多道士來到東南沿海，葛洪《抱朴

〔註38〕臧振華、李匡悌：《南科的古文明》，臺灣史前文化博物館，2013年，第230頁。
〔註39〕底圖出自譚其驤主編：《中國歷史地圖集》第四冊，第29～30頁。黑體字是本書添加。

子》卷四《金丹》說：「往者上國喪亂，莫不奔播四出。余周旋徐、豫、荊、襄、江、廣數州之間，閱見流移俗道士數百人矣。」

臺灣和澎湖在早期道士的心目中非常重要，而且被列入三十六洞天之中，《太平御覽》卷六百七十八引《茅君傳》說：

> 至於地中洞天，有三十六所：王屋、委羽、西城、西玄、青城、
> 赤城、羅浮、句曲、林屋、括蒼、崑崙、蓬萊、瀛州、方丈、滄浪、
> 白山、八停之屬也。五嶽及諸名山皆有洞室，或三十里、二十里、
> 十里，岳洞方百里也。

六朝的三十六洞天中，崑崙、蓬萊、瀛洲、方丈、滄浪、白山、八淳，排在第 11 到 17 位。可惜唐代人改造三十六洞天時，把海外仙山統統刪除，這真是絕大的遺憾！

因此澎湖、臺灣對六朝道士非常重要，漢代的很多道士已經往來海外紵嶼（九州島）、方丈（澎湖）以及福建的霍童山。因為臺灣北部出產硫磺和黃金，輸入福建，所以在霍童山形成煉丹中心。

玉環島是道教在東海重要基地，郗鑒、陶弘景、周子良、許邁、王羲之等人都在此活動，周、許家族本來都信帛家道，創始人帛和師從董奉，董奉是候官縣人，來往南海。玉溜嶼（玉環島）東通蓬萊，青嶼（大門島）東通扶桑，說明這裡有海路通往海外。

所以陶弘景《真誥》引許邁之弟許謐的話，記載了八淳山（臺灣島）、方丈山（方諸山即澎湖島），還記載了臺灣海峽的潮汐，甚至有中國最早的詳細針位記載，說到會稽、澎湖和日本的相對方位。浙江南部的土著本來是臺灣土著的分支，歷史上就有聯繫。道士們往來海上時，聽到很多海外地理知識，寫入他們的書中。古代應該還有還有很多珍貴的信息，因為未能記載或者原書散佚而流失。幸好我們還能看到一些，才能挖掘出以上這些被湮沒的歷史。

第八章　早期道教與沿海地域

　　陳寅恪的名著《天師道與濱海地域的關係》雖然突出了天師道起源於沿海之地，給人很多啓發。[註1] 但是陳文混淆了天師道和五斗米道，其所謂濱海地域側重山東而忽略吳越，這一點已有學者指出。

　　趙益最近在論著中總結了陳文不足，並且發掘了六朝南方神仙道教與當地文化的關係，但是偏重於理論，相關具體史料很少，而且誤用有些史料，比如用《魏書·高祖紀》二月乙巳「淮徐未賓」一段史料來說明淮徐地區巫風盛行，[註2] 查對原書，這條史料原指北魏取得劉宋淮北四州後，佔領曲阜，指責原先的祭孔儀式不合禮制。陳文僅關注山東濱海地域，給後人造成了一定程度的錯覺。比如盧雲的《漢晉文化地理》在宗教文化上有一章《濱海宗教文化帶與漢晉三次宗教浪潮》，該文認爲道教發源於山東沿海。[註3] 盧著近乎陳文的申論，忽略了宗教發展的地域複雜性。

一、南北互動和沿海道教

　　田餘慶引陳國符的研究，闡發在東晉道教經典大量集結之前，道教偏重於道術。[註4] 今按劉宋劉義慶《幽明錄》：

　　　　巴丘縣有巫師舒禮，晉永昌元年病死，土地神將送詣太山，俗

〔註 1〕陳寅恪：《天師道與濱海地域的關係》，《金明館叢稿初編》，上海古籍出版社，1980 年。
〔註 2〕趙益：《六朝南方神仙道教與文學》，上海古籍出版社，2006 年，第 43 頁、第 65 頁。
〔註 3〕盧云：《漢晉文化地理》，陝西教育出版社，1991 年。
〔註 4〕田餘慶：《東晉門閥政治》，北京大學出版社，2005 年，第 253 頁。

人謂巫師爲道人。〔註5〕

這說明當時有的老百姓確實把道士和巫師混同，民間的道教和諸多的民間信仰沒有太多差別。

但是林富士則指出，道教和巫術還是有很多差別。〔註6〕我認爲，道教流派很多，六朝時期的很多流派和巫術越來越遠，但是早期道教的一些流派和巫術確實比較接近。因此我們在研究道教起源時，視野要稍爲放寬。

西漢的江淮可能就有著名道士，《史記‧封禪書》記載游水發根向漢武帝推薦道士，此人姓游水，應來自游水，很可能是在今淮安和連雲港之間的游水，這一帶正是上古的東夷居地，也是道教起源的重要地方。

《後漢書》卷三十《襄楷傳》：

初，順帝時，琅邪宮崇詣闕，上其師干吉於曲陽泉水上所得神書百七十卷，皆縹白素朱介青首朱目，號《太平清領書》。其言以陰陽五行爲家，而多巫覡雜語。有司奏崇所上妖妄不經，乃收藏之。後張角頗有其書焉。及靈帝即位，以楷書爲然。

唐代李賢注：「海州有曲陽城，北有羽潭水……而于吉、宮崇並琅邪人，蓋東海曲陽是也。」

海州曲陽即今江蘇省東海縣曲陽鎮的漢代曲陽古城，北有羽山，《漢書‧地理志》東海郡祝其縣說羽山在縣南，就是《禹貢》中的羽山，殛鯀之處。《續漢書‧郡國志》東海郡祝其縣「有羽山」，注：「殛鯀之山。杜預曰在縣西南。博物記曰：『東北獨居山，西南有淵水，即羽泉也，俗謂此山爲懲父山。』」《左傳‧昭公七年》：「昔堯殛鯀於羽山，其神化爲黃熊，以入於羽淵。」羽泉即今東海溫泉，傳說的羽淵是否在此不得而知，但至少漢人有此一說，所以方士才會假託在此受神書。溫泉可以治病，所以被道士稱爲神泉。中國東部沿海有一些溫泉，受到道士的重視。

道教與原始信仰有密切聯繫，漢魏東方沿海地區的原始信仰還很發達，《續漢書‧郡國志》琅邪國臨沂縣注引《博物記》曰：「縣東界次睢有大叢社，民謂之食人社，即次睢之社。」次睢之社見於《左傳‧僖公十九年》，指宋國在睢水邊的人牲之社，《藝文類聚》卷三九引伍輯之《從征記》：「臨沂、厚丘

〔註5〕〔劉宋〕劉義慶：《幽明錄》，《漢魏六朝筆記小說大觀》，上海古籍出版社，1999年，第706頁。

〔註6〕林富士：《中國中古時期的宗教與醫療》，北京：中華書局，2012年。

間，有次睢里社，常以人祭，……魏初乃止。」〔註7〕人祭石社可以追溯到新
石器時代和商代土著文化，連雲港將軍崖和銅山縣丘灣遺址就是例證。〔註8〕
《漢書・地理志》說：「漢興以來，魯、東海多至卿相。」這裡的東海郡只是
指東海郡西部靠近魯地的地方，至於漢代東海郡的東部沒有出名人，實際是
民間一直保持著東夷的信仰，而且其中也包含了越文化和北方沿海文化。

　　《三國志》卷四十六，裴注引《江表傳》：「時有道士琅邪于吉，先寓居
東方，往來吳會，立精舍，燒香讀道書，製作符水以治病，吳會人多事之。」
有學者根據琅邪于吉往來吳會和《史記・封禪書》燕齊方士的記載，認爲道
教源出燕齊，而後向南傳播，〔註9〕其實這個看法很機械。沿海地區的信仰很
早開始就是一個複雜的互動過程，不是簡單的單源傳播模式。上文趙地、閩
地方士通過東海往來吳地的例子已經說明齊魯單源論錯誤。

　　晉葛洪《西京雜記》卷三《黃公幻術》：

　　　　余所知有鞠道龍，善爲幻術，向余說古時事：有東海人黃公，
　　少時爲術，能制御蛇虎。佩赤金刀，以絳繒束髮，立興雲霧，坐成
　　山河。及衰老，氣力羸憊，飲酒過度，不能復行其術。秦末有白虎
　　見於東海，黃公乃以赤刀往厭之。術既不行，遂爲虎所殺。三輔人
　　俗用以爲戲，漢帝亦取以爲角抵之戲焉。〔註10〕

　　張衡《西京賦》曰：「東海黃公，赤刀粵祝，冀厭白虎，卒不能救。」李
善注即是「能赤刀禹步，以越人祝法厭虎者。」《後漢書・東夷傳》敘說九夷
之一有黃夷，並非無據，因爲據《史記・秦本紀》太史公曰，黃國是東夷嬴
姓少昊氏之後。這個東海郡的黃公可能是夷人之後，他能用越人的祝法，說
明在秦漢之際越人的信仰已經流傳在東海郡一帶。

　　漢武帝劉徹將閩越國、東甌國的越人強制遷到江淮一帶，這次越人北遷
江淮實際是繼良渚文化、春秋戰國吳越時越文化兩次北進後的第三次。《史記》
記載，越繇王居股封在廬江郡東城縣，越建成侯敖封在臨淮郡開陵縣，東越
將多軍封在無錫縣，《史記・東越傳》的《集解》引徐廣曰：「《年表》云：東
甌王廣武侯望率其眾四萬人來降，家廬江郡。」《漢書》卷八十一《匡衡傳》

〔註7〕　〔唐〕歐陽詢撰、汪紹楹校：《藝文類聚》，上海古籍出版社，1982年。
〔註8〕　俞偉超：《銅山丘灣商代社祀遺跡的推定》、《連雲港將軍崖東夷社祀遺跡的推
　　　　　定》，俞偉超：《先秦秦漢考古學論集》，文物出版社，1985年。
〔註9〕　盧云：《漢晉文化地理》，陝西教育出版社，1991年，第229頁。
〔註10〕　〔晉〕葛洪撰、周天遊校注：《西京雜記》，三秦出版社，2006年，第120頁。

提到僮縣（治今安徽泗縣）樂安鄉有閩陌，〔註11〕可能是閩人所遷處。另外，今淮南市曾經出土西漢中前期一方玉印，上有鳥蟲書「蠻禾」二字，可能和蠻族有關。〔註12〕

上古秦漢，東海和南海的交流就很密切，東漢末年很多道士到了交州，《牟子理惑論》說：

> 牟子既修經傳諸子，書無大小，靡不好之。雖不樂兵法，然猶讀焉。雖讀神仙不死之書，抑而不信，以爲虛誕。是時靈帝崩後，天下擾亂。獨交州差安，北方異人咸來在焉，多爲神仙、辟穀、長生之術。時人多有學者，牟子常以五經難之，道家術士莫敢對焉，比之於孟軻距楊朱墨翟。先是時牟子將母避世交趾。

現在中國的牟姓，集中分布在四川和山東，牟子很可能是山東人，避亂南下。因爲來自山東，所以熟悉儒家、道家。

旅順博物館藏有一方大連金州區七頂山鄉出土的西漢銅印，有長生二字，反映漢代遼東的道家信仰。遼寧省博物館藏蓋州九壟地漢墓磚文是：「歎日死者魂歸棺槨，無妄飛揚，行無憂。萬歲之後，乃復會。」反映漢代遼東人的死而復生思想。

二、江淮東部出土道教文物

揚州市胡場漢墓，出土的西漢宣帝本始四年（前70年）王奉世墓木牘上，記載的神名有：江君、上蒲神君、高郵君大王、滿君、廬相氾君、中外王父母、神魂；倉天、天公；大翁、趙長夫所□、淮河、瑜君、石里神社、城陽□君；石里里主、宮〔春〕〔姬〕所□君□、大王、吳王、□王、氾□神王、大後垂；宮中□池、□□神社；當路君、荊主、奚丘君、水上、□君王、□社；宮司空、杜、〔邑〕、塞。〔註13〕顯然其中有四個神系：

1. 本地神系：石里神社、石里里主、江君、上蒲神君、高郵君大王
2. 楚地神系：荊君
3. 吳地神系：吳王
4. 北方神係：淮河、城陽□君

〔註11〕〔漢〕班固：《漢書》，第3346頁。

〔註12〕徐孝忠：《淮南市出土戰國西漢文物》，《文物》1994年第12期。

〔註13〕揚州博物館、邗江縣圖書館：《江蘇邗江胡場五號漢墓》，《文物》1981年第7期。

可見，西漢中期時江淮一帶的信仰就已經呈現楚、吳、齊多元色彩。據王奉世墓其他簡牘文書，可知在其生前有高密縣（治今山東高密市西）、淳于縣（治今山東安丘縣東北）的人來看他，正因為各地人群來往頻繁，所以信仰也隨之複雜。有學者認為漢代的城陽景王信仰僅分布於山東、河北，〔註14〕現在看來不確。

江君是長江水神，《漢書·地理志》廣陵國江都縣：「有江水祠」，《水經·淮水注》引應劭《地理風俗記》：「縣有江水祠，俗謂之伍相廟，子胥但配食耳，歲三祭，與五嶽同。」《太平寰宇記》卷一二三揚州江祀引《江妃志》：「歲三祀之，以伍員位配。」引阮升之《南兗州記》：「其神復號江都王，或謂易王之廟。」〔註15〕本來國家神廟江水祠裏吸納了地方神祇潮神伍子胥，但是六朝時又加上了江都易王信仰的色彩。

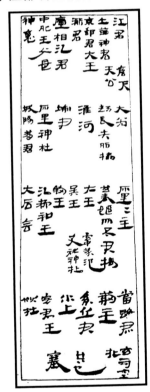

揚州胡場漢墓出土王奉世墓木牘、盱眙東陽城漢墓出土木札

〔註14〕 盧云：《漢晉文化地理》，陝西教育出版社，1991 年，第 232 頁。

〔註15〕 〔宋〕樂史撰、王文楚等點校：《太平寰宇記》，第 2445 頁。

《隋書》卷五十五《高勱傳》：

> 後拜楚州刺史，民安之。先是，城北有伍子胥廟，其俗敬鬼。
> 祈禱者必以牛酒，至破產業。勱歎曰：「子胥賢者，豈宜損百姓乎？」
> 乃告諭所部，自此遂止，百姓賴之。〔註16〕

此事在開皇七年（587 年）前，伍子胥是起源於吳地的潮神，所以楚州城北有伍子胥廟。有日本學者認為伍子胥廟分布和吳語區一致，北界在揚州附近，伍子胥和蔣子文的信仰圈代表蘇州和南京文化圈的碰撞。〔註17〕其實伍子胥的信仰一直北延到淮河流域，因為江淮方言的底層原本是吳方言，而且自古以來運河沿線就是南北文化的交融處，直到明清仍有很多江南信仰沿運河北上。〔註18〕《魏書》卷一百六中《地形志中》兗州泰山郡博平縣（今泰安）也有伍子胥廟，說明此信仰的傳播範圍很廣。

今江蘇盱眙縣東陽城即秦漢東陽縣城，城內漢墓出土西漢晚期到新莽時期木札一片，上有三行字：「王父母、范王父母當以此錢自塞禱／園山高陵里、吳王、會稽鹽官諸鬼神／亦使至禱」。〔註19〕東陽縣離長江不近，江南才是會稽郡，這裡的鬼神卻有吳王、會稽鹽官等，說明西漢江淮地區的信仰早已和吳地交流。

盱眙縣的道士和很多地方的道士有交流，杜光庭《墉城集仙錄》卷七《梁母》條說：

> 梁母者，盱眙人也，孀居無子，舍逆旅於平原亭。客來投憩，咸若還家不異。住客還錢多少，未嘗有言。客住經月，亦無所厭。粗衣糲食之外，所得施諸貧病。曾有少年住經月，舉動異於常人，臨去云：「我是東海小童。」母亦不知小童何人也。宋元徽四年丙辰，馬耳山道士徐道盛，暫至蒙陰，於蜂城西遇一青羊車，車自住，見一小童子喚云：「徐道士前來。」道盛行進，去車三步許止，又見二童子，年十二三許，齊著黃衣絳裏，頭上角髻，容服端正，世無比

〔註16〕〔唐〕魏徵等：《隋書》，第 1373 頁。

〔註17〕〔日〕水越知：《伍子胥信仰與江南地域社會——信仰圈結構分析》，平田茂樹、遠藤隆俊、岡元司編：《宋代社會的空間與交流》，河南大學出版社，2008 年。

〔註18〕起源於浙江的周宣靈王信仰分布到了蘇州、寶應、東臺，見朱海濱：《祭祀政策與民間信仰變遷——近世浙江民間信仰研究》，復旦大學出版社，2008 年，第 64 頁。

〔註19〕南京博物院：《江蘇盱眙東陽漢墓》，《考古》1979 年第 11 期。

也。車中人遣一童子傳語云：「我是平原客舍梁母也，今被太上召還，應過蓬萊尋子喬，經太山，檢考召，意欲相見，果得子來。靈轡飄飄，玄崗峻峨，津驛有限，日程三千，侍對在近，我心憂勞，便當乘煙三清，此三子見送玄都。因汝爲我謝東方清信士女，太平在近，十有餘一，好相開度，過此無憂危也。」舉手謝去云：「太平相見。」馳車騰遊，極目而沒，道盛還逆旅，訪之，正是梁母度世日相見也。

盱眙梁母，住在平原郡（今聊城），東海小童是東海神的使者。在蒙陰，遇到馬耳山（今萊蕪）徐道士。徐是東方沿海大姓，也是道教世家，六朝筆記中記載的徐姓故事很多。

1957 年，高郵邵家溝漢代遺址發現的木牘上，有道教符籙，上有北斗形狀和「北斗君」三字，下有文字：「乙巳日死者，鬼名爲天光。天帝神師已知汝名，疾去三千里。汝不疾去，南山絅□令來食汝。急如律令。」〔註 20〕學者指出「絅□」即傳說中的惡獸「窮奇」，見於睡虎地秦簡等，南山就是《山海經‧西山經》說窮奇所在的終南山。〔註 21〕這說明江淮地區早期道教繼承了很多中原地區傳統，並非全屬夷越文化。

江淮西部的道教傳統深厚，《漢書》卷四十四《淮南王安傳》說劉安：「招致賓客方術之士數千人，作爲《內書》二十一篇，《外書》甚眾，又有《中篇》八卷，言神仙黃白之術，亦二十餘萬言。」〔註 22〕《淮南子》的主體思想是道家思想，《地形》詳細描述崑崙仙山，《齊俗》說：「今夫王喬、赤誦子，吹嘔呼吸，吐故內新，遺形去智，抱素反眞，以遊玄眇，上通雲天。今欲學其道，不得其養氣處神，而放其一吐一吸，時詘時伸，其不能乘雲升假，亦明矣。」

《列仙傳》卷下說：「子主者，楚語而細音，不知何所人也，詣江都王。」〔註 23〕子主說一直特殊的楚語，可能不是廣陵附近人，而是江淮以西的楚地人。《漢書》卷六十三《廣陵厲王胥傳》：「而楚地巫鬼，胥迎女巫李女須，使下神祝詛……胥多賜女須錢，使禱巫山。」〔註 24〕這裡的楚，可能也不是指廣陵附

〔註 20〕 江蘇省文物管理委員會：《江蘇高郵邵家溝漢代遺址的清理》，《考古》1960 年第 10 期。
〔註 21〕 劉樂賢：《簡帛數術文獻探論》，湖北教育出版社，2003 年。劉釗：《江蘇高郵邵家溝漢代遺址出土簡神名考釋》，《東南文化》2003 年第 1 期。
〔註 22〕 〔漢〕班固：《漢書》，第 2145 頁。
〔註 23〕 王叔岷撰：《列仙傳校箋》，第 142 頁。
〔註 24〕 〔漢〕班固：《漢書》，第 2760～2761 頁。

近。又《列仙傳》卷下：「朱璜，廣陵人也。少病毒瘕，就睢山上道士阮邱。」這是江淮本地的道士，但是他學道的睢山可能在外地。因為各地方士來往於江淮和其他地方，所以至遲到西漢中期時，江淮地區的信仰早已是紛繁複雜。

1965 年，儀徵縣石碑村東漢墓出土物品有銅尺、銅量、過濾器、蝶形器、鐵臼、鐵杵等。銅量和過濾器內壁和底部留下朱紅色物質，發掘報告認為和方士煉丹有關。〔註25〕儀徵當時離海口不遠，儀徵、六合一帶山區有礦，這些都啟發我們思考古代的方士因為礦產地理和交通路線，可能來往四方，促使道教四處擴散。因為水路往來便利，而礦產多在山區，所以方士一般不僅跋山涉水，而且其行徑路線疊加後也是網狀。

三、燕齊瓦當從海路傳到江南

賀雲翱老師指出，戰國時期的燕國出現了獸面紋瓦當，秦漢時期很少看到，孫吳時期突然又出現在最核心的城市建業、京口。東晉都城建康普遍使用獸面紋瓦當，此時的洛陽、鄴城還主要使用傳統的雲紋瓦當。戰國時期的齊國出現了人面紋瓦當，有的人面中間還有類似樹木的花紋，安立華先生認為可能源自齊國的社木崇拜。〔註26〕人面紋瓦當也是突然重新出現在孫吳都城建業等城市，可能是指神人，帶有宗教性質。〔註27〕

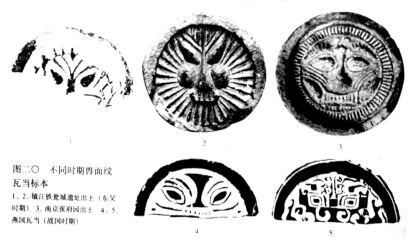

图二〇　不同时期兽面纹瓦当标本
1、2. 镇江铁瓮城遗址出土（东吴时期）3. 南京张府园出土 4、5.
燕国瓦当（战国时期）

戰國燕國與孫吳鎮江、南京的獸面紋瓦當（引自賀雲翱書第 30 頁）

〔註25〕南京博物院：《江蘇儀徵石碑村漢代木槨墓》，《考古》1966 年第 1 期。
〔註26〕安立華：《齊國瓦當藝術》，人民美術出版社，1998 年，第 15～17 頁。
〔註27〕賀雲翱：《六朝瓦當與六朝都城》，文物出版社，2005 年，第 8～32 頁。

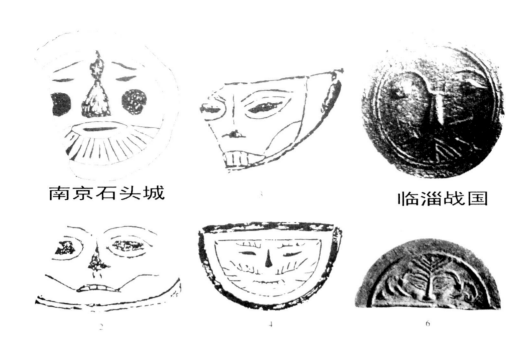

戰國齊國與孫吳鎮江、南京的獸面紋磚瓦紋（引自賀雲翱書第18頁）

1 南京石頭城出土　2～4 十六國及北魏人面紋磚　5～6 山東臨淄出土戰國齊國

　　我認爲，燕齊是戰國時期方士的大本營，燕齊方士往來東方海上，所以燕齊瓦當無疑是通過道教徒傳到江南。瓦當突出在宮殿的外緣，具有厭勝的功能，所以花紋帶有宗教性質。

　　孫吳崇奉道教，孫吳的年號黃龍、嘉禾、赤烏、神鳳、五鳳、甘露、寶鼎、鳳凰、天冊、天璽都源自所謂祥瑞的發現，其他祥瑞的記載也很多。孫吳年號以祥瑞爲主，和魏、蜀形成鮮明對比。曹魏年號僅有青龍、甘露少數來自祥瑞，而蜀的年號則保持東漢傳統，不用祥瑞。

　　孫吳重用道士，或許和孫策死於道士于吉之手的傳說有關。《三國志》卷四十六記載孫策殺于吉，裴注引《江表傳》：

　　　　策嘗於郡城門樓上，集會諸將賓客，吉乃盛服杖小函，漆畫之，
　　　　名爲仙人鏵，趨度門下。諸將賓客，三分之二，下樓迎拜之，掌賓
　　　　者禁呵不能止。策即令收之。諸事之者，悉使婦女入見策母，請救
　　　　之。母謂策曰：「于先生亦助軍作福，醫護將士，不可殺之。」策曰：
　　　　「此子妖妄，能幻惑眾心，遠使諸將不復相顧君臣之禮，盡委策下

樓拜之，不可不除也。」諸將復連名通白事陳乞之，策曰：「昔南陽張津爲交州刺史，捨前聖典訓，廢漢家法律，嘗著絳帕頭，鼓琴燒香，讀邪俗道書，云以助化，卒爲南夷所殺。此甚無益，諸君但未悟耳。今此子已在鬼錄，勿復費紙筆也。」即催斬之，縣首於市。諸事之者，尚不謂其死而云尸解焉，復祭祀求福。

孫母說于吉爲吳軍助力，裴注引干寶《搜神記》說：

> 策欲渡江襲許，與吉俱行。時大旱，所在熇厲。策催諸將士使速引船，或身自早出督切，見將吏多在吉許，策因此激怒，言：「我爲不如于吉邪，而先趨務之？」便使收吉……令人縛置地上暴之，使請雨，若能感天日中雨者，當原赦，不爾行誅。俄而雲氣上蒸，膚寸而合，比至日中，大雨總至，溪澗盈溢。將士喜悅，以爲吉必見原，並往慶慰。策遂殺之。將士哀惜，共藏其屍。天夜，忽更興雲覆之。明旦往視，不知所在……策既殺于吉，每獨坐，彷彿見吉在左右，意深惡之，頗有失常。後治創方差，而引鏡自照，見吉在鏡中，顧而弗見，如是再三，因撲鏡大叫，創皆崩裂，須臾而死。

孫策出兵帶著于吉，說明于吉確實是隨軍的道士。孫策殺于吉，主要是害怕于吉的勢力太大。于吉等人先來到江南，不是孫策的親信。同書卷五十七《虞翻傳》記載，孫策攻打會稽郡，太守王朗從海路南逃到東部候官（今福州），裴注引《吳書》說：

> 翻始欲送朗到廣陵，朗惑王方平記言「疾來邀我，南嶽相求」，故遂南行。既至候官，又欲投交州，翻諫朗曰：「此妄書耳，交州無南嶽，安所投乎？」乃止。

王朗迷信道士王方平的書，還要南逃交州，被虞翻制止。因爲原來在江南的官吏非常崇奉道教，所以于吉才有很大的影響。

孫策殺死于吉，很快亡故，大概給孫權很大的震動。《三國志·虞翻傳》記載孫權和張昭談論神仙，又被虞翻指責，孫權大怒，貶謫虞翻到交州，虞翻竟因此事在嶺南十多年，死在嶺南。同書卷五十四《呂蒙傳》說呂蒙臨死前：「權自臨視，命道士於星辰下爲之請命。」

孫權崇奉道教，所以《三國志》的卷六十三竟爲孫權的隨軍道士闢一專卷，記載吳范、劉惇、趙達三人爲軍隊服務。

孫權甚至迎接民間巫師，《三國志·吳主傳》：「初臨海羅陽縣有神，自稱

王表。周旋民間，語言飲食，與人無異，然不見其形。又有一婢，名紡績。是月，遣中書郎李崇齎輔國將軍羅陽王印綬迎表。表隨崇俱出，與崇及所在郡守令長談論，崇等無以易。所歷山川，輒遣婢與其神相聞。秋七月，崇與表至，權於蒼龍門外爲立第舍，數使近臣齎酒食往。表說水旱小事，往往有驗。」羅陽縣是孫吳所設，《宋書‧州郡志一》永嘉郡：「安固令，吳立日羅陽，孫皓改日安陽，晉武帝太康元年更名。」即今浙江瑞安，《太平御覽》卷七百八十引孫吳沈瑩《臨海水土異物志》說：「安家之民，悉依深山，架立屋舍於棧格上，似樓狀。居處、飲食、衣服、被飾與夷州民相似。父母死亡，殺犬祭之，作四方函以盛屍。飲酒歌舞畢，仍懸著高山岩石之間，不埋土中作冢也。今安陽、羅江縣民是其子孫也。」可見羅陽縣土著接近臺灣土著，孫權肯用羅陽王印去迎接一個越地女巫，可見他對方術的癡迷。

四、鬱洲島的道士

今連雲港的雲台山，原來是海中的一個大島，稱爲鬱洲，也寫作郁洲。《史記‧秦始皇本紀》說秦始皇三十五年（前212年）「立石東海上胊界中，以爲秦東門。」胊縣之所以被立爲秦東門，一是由於胊縣在咸陽通往東方大道的盡頭，二是因爲當時胊山（今錦屏山）和鬱州島（雲台山）剛好在海峽兩邊，形似天然的門闕。

酈道元《水經‧淮水注》：

> 又逕胊山西。山側有胊縣故城。秦始皇三十五年，於胊縣立石海上，以爲秦之東門。崔琰《述初賦》曰「倚高艫以周睇兮，觀秦門之將將者」也。東北海中有大洲，謂之郁洲，《山海經》所謂郁山在海中者也。言是山自蒼梧徙此，雲山上猶有南方草木。今郁州治。故崔季珪之敘《述初賦》言：「郁州者，故蒼梧之山也，心悅而怪之，聞其上有仙士石室也，乃往觀焉。見一道人獨處，休休然不談不對，顧非己所及也。」即其《賦》所云「吾夕濟於郁洲者」也。

可見在漢魏之際，鬱州島已經是道教的一個重要基地。所謂山上有南方草木，並非神話，據植物地理學家研究，確實有蘇南和華南植物跳越分布到連雲港。〔註28〕上古時，氣候比今日溫暖濕潤，所以當時的鬱州島上有南方

〔註28〕閣傳海：《植物地理學》第三章第三節《連雲港地區植物區系分析》，科學出版社，2001年。

草木。鬱州這個名稱令人容易附會到古代的鬱林郡（在今廣西）和鬱水（西江），而鬱林郡的前身是蒼梧郡。《隋書‧地理志下》東海郡東海縣：「有謝祿山、鬱林山。」〔註29〕東海縣治今連雲港市南城鎮，全縣在鬱州島上。島上神奇的樹木，更吸引道士前來。

鬱洲島在山東和江南之間，是孫恩等道教徒在海上來往的基地，《晉書》卷一百《孫恩傳》：

> 孫恩，字靈秀，琅邪人，孫秀之族也。世奉五斗米道。恩叔父泰，字敬遠，師事錢唐杜子恭……恩逃於海。眾聞泰死，惑之，皆謂蟬蛻登仙，故就海中資給……其婦女有嬰累不能去者，囊簏盛嬰兒投於水，而告之曰：「賀汝先登仙堂，我尋後就汝。」……北寇廣陵，陷之，乃浮海而北。劉裕與劉敬宣並軍躡之於郁洲，累戰，恩復大敗，由是漸衰弱，復沿海還南。裕亦尋海要截，復大破恩於扈瀆，恩遂遠迸海中。及桓玄用事，恩復寇臨海，臨海太守辛景討破之。〔註30〕

《宋書》卷四十九《虞丘進傳》：

> 隆安中……於蒲濤口與孫恩水戰，又被重創。追恩至郁州，又至石鹿頭，還海鹽大柱，頻戰有功。〔註31〕

據同書《武帝紀》，此事在東晉隆安五年（401年），蒲濤縣在今皋與南通之間，很可能治今白蒲鎮。但是東晉在剿滅孫恩後並沒有在鬱州島設縣統治，直到劉宋失淮北四州後才在鬱州島上就近僑置青州、冀州，所以沿海的宗教信仰仍然頑強復興。

《梁書》卷三十九《王神念傳》：

> 神念性剛正，所更州郡必禁止淫祠。時青、冀州東北有石鹿山臨海，先有神廟，妖巫欺惑百姓，遠近祈禱，糜費極多。及神念至，便令毀撤，風俗遂改。〔註32〕

這個石鹿山無疑即《虞丘進傳》孫恩活動的石鹿頭，雖然孫恩之徒早已平定，但是直到蕭梁，原來的宗教中心仍然有神廟和巫師活動。

〔註29〕〔唐〕魏徵等：《隋書》，第871頁。
〔註30〕〔唐〕房玄齡等：《晉書》，第2631～2634頁。
〔註31〕〔梁〕沈約：《宋書》，第1440頁。
〔註32〕〔唐〕姚思廉：《梁書》，第556頁。

《南史》卷六十四《陰子春傳》說：

> （陰）子春仕歷位朐山戍主、東莞太守。時青州石鹿山臨海，
> 先有神廟，刺史王神念以百姓祈禱糜費，毀神影，壞屋舍。當坐棟
> 上有一大蛇長丈餘，役夫打撲不禽，得入海水。爾夜，子春夢見人
> 通名詣子春云：「有人見苦，破壞宅舍。既無所託，欽君厚德，欲憩
> 此境。」子春心密記之。經二日而知之，甚驚，以爲前所夢神。因
> 辦牲醑請召，安置一處。數日，復夢一朱衣人相聞，辭謝云：「得君
> 厚惠，當以一州相報。」子春心喜，供事彌勤。經月餘，魏欲襲朐
> 山，間諜前知，子春設伏摧破之，詔授南青州刺史，鎮朐山。

王神念雖然摧毀了石鹿山神廟，其實沒有實效，因爲這裡說神廟的大蛇入海，當夜陰子春得到神人通報說宅舍被毀，不久即恢復祭祀，而且得到神人答謝，果然升職。陰子春是僑居南平郡（治今湖北公安）的武威郡姑臧縣（治今甘肅武威）人後代，他在鬱州島的這些活動，都是受當地人影響，說明這裡的民間信仰極其頑強。

《南齊書》卷五十四《高逸傳》說平原人明僧紹：「隱長廣郡嶗山，聚徒立學。淮北沒虜，乃南渡江……僧紹弟慶符爲青州，僧紹乏糧食，隨慶符之鬱洲，住弇榆山棲雲精舍，欣玩水石，竟不一入州城。」〔註33〕

這一帶有不少海神廟，《魏書·地形志》記載海州東彭城郡勃海縣（在今灌雲縣附近）有「東海明王神」，東徐州郯郡建陵縣（治今江蘇省新沂市）有「海王神」。

唐代日本僧人圓仁《入唐求法巡禮行記》卷一說海州的小海（即朐山和鬱州島之間的海峽）西岸有「海龍王廟」，〔註34〕這個海龍王廟應即東漢永壽元年（155年）桓君建立的東海廟，北宋時傾頹，南宋時蕩然，但是有石像留存，〔註35〕魏晉南北朝時期應存在。〔註36〕《太平寰宇記》卷二十二東海縣：「謝祿廟在縣西一里謝祿山南嶺上，本名海祠，後人改之。」〔註37〕東海縣

〔註33〕〔梁〕蕭子顯撰：《南齊書》，北京：中華書局，1972年，第927頁。
〔註34〕〔日〕圓仁著，顧承甫、何泉達點校：《入唐求法巡禮記》，上海古籍出版社，1986年，第43頁。
〔註35〕俞偉超：《孔望山摩崖造像的年代考察》，《先秦秦漢考古學論集》，文物出版社，1985年。
〔註36〕丁義珍：《漢東海廟今地考》，《文博通訊》1983年第4期。
〔註37〕〔宋〕樂史撰、王文楚等點校：《太平寰宇記》，第464頁。

（治今連雲港市南城鎮）西一里的海祠和西岸的東海廟相望，正當渡口，因為渡海祈盼風平浪靜，所以立廟。

五、東陵聖母、太姥、太武、羅浮、黎母

葛洪《神仙傳》：

> 東陵聖母者，廣陵海陵人也。適杜氏，師事劉綱學道，能易形變化，隱顯無方。杜不信道，常恚怒之。聖母或行理疾救人，或有所之詣，杜恚之愈甚，告官訟之，云聖母奸妖，不理家務。官收聖母付獄，頃之，已從獄窗中飛去，眾望見之，轉高入雲中，留所著履一綱在窗下，自此昇天，遠近立廟祠之，民所奉事，禱祈立效。常有一青鳥在祭所，人有失物者，乞問所在，青鳥即集盜物人之上，路不拾遺。歲月稍久，亦不復爾。至今海陵海中，不得爲奸盜之事，大者即風波沒溺、虎狼殺之，小者即病傷也。

東陵是實際地名，在今揚州之東的宜陵鎮，其東是海陵縣，所以說是海陵縣人。附在劉曄《後漢書》末尾的司馬彪《續漢書・郡國志三》廣陵郡說：

> 廣陵縣，有東陵亭。

李賢注引《博物記》曰：

> 女子杜姜，左道通神，縣以爲妖，閉獄柱梏，卒變形莫知所極。

以狀上，因以其處爲廟祠，號曰東陵聖母。

這個東陵其實在上古已有很有名，不過前人未曾發現而已，《禹貢》最末的導九水說：「岷山導江，東別爲沱，又東至於澧。過九江，至於東陵，東迆北會於匯。東爲中江，入於海。」其中的東陵就是在今揚州之東的東陵，我已有論證，不再贅述。[註38]

海陵縣，《漢書・地理志》：「有江海會祠」，《洞仙傳》說海陵縣人董幼「洞明道術」，晉義熙中（405～418年）通過長江去峨眉山。《異苑》卷八：

> 元嘉十八年，廣陵下市縣人張方女道香，……道香俄昏惑失常，時有海陵王纂者，能療邪。疑道香被魅，請治之。始下一針，有一獺從女被內走入前港，道香疾便愈。[註39]

《宋書・州郡志一》南兗州廣陵郡下提及新市縣，下市縣應爲新市縣。

〔註38〕周運中：《彭蠡澤名由來與彭氏、雷氏》，《地方文化研究》2016年第2期。

〔註39〕〔劉宋〕劉義叔：《異苑》，《漢魏六朝筆記小說大觀》，第669頁。

海陵縣方士到廣陵郡來，用針刺出獺精。江淮河湖密布，水獺很多，民間有很多水獺精怪的傳說。至今仍然如此，我小的時候住在河邊，聽到不少。已有學者指出，江淮歷史上的毛人水怪傳說，很可能與水獺有關。〔註40〕六朝時期有很多水獺變成女子迷惑男人的傳說，我認爲這裡的水獺其實是指代南方土著女子，因爲他們濱水居住，所以用水獺指代。這類故事反映六朝南遷的中原男人和土著女子的情愛關係，正如《搜神後記》卷五《白水素女》候官縣（今福州）螺女和謝瑞結婚故事象征南遷的中原男人和疍民女子結合。

海陵縣對岸就是江陰，《太平寰宇記》卷九二江陰軍：

> 聖母祠，在縣南二百步。按劉遵之《神異錄》云：「廣陵縣女杜美有道術，縣以爲妖，枉桔之，忽變形，莫知所之，因以其處立廟，號曰東陵聖母。」古老相傳云：梁普通中，有商人乘船，夜夢有婦人曰：我是東陵聖母也，隨形影逐流來此，今當君船底水裏，若能將形影上岸立祠，當重相報。其人覺悟，視之，果如所夢。將上岸，爲立祠。〔註41〕

有人說這個故事反映疍民上岸的歷史，〔註42〕我認爲此說純屬臆測，毫無根據。故事中說的明明是商人，江陰在海陵縣的南岸，有東陵聖母祠很正常。

海陵縣以北也有聖母祠，《魏書·地形志》海州安樂縣：「有伊萊山神、聖母祠。」伊萊山即今灌雲縣大伊山，其西南的神母廟即聖母廟。《太平寰宇記》卷二二朐山縣（治今連雲港海州區）碩濩湖條，引《神異傳》說秦始皇時，有一個古城，塌陷爲湖，「老母牽狗，北走六十里，至伊萊山得免，西南隅今仍有石屋，名爲神母廟，廟前石上狗跡猶存。高齊天統中（565～569 年），此湖遂竭，西南隅有一小城，餘址猶存，繞城故井有數十處，又銅鐵瓦器，殆市塵之所，乃知縣沒非虛。」〔註43〕大伊山原來在海邊，城陷爲湖，雖然未必因爲海水上漲，但是這個地方所有水系都和海聯通。

聖母信仰一直北傳到河北沿海，《太平寰宇記》卷六十六瀛州高陽縣（今高陽）聖姑祠引邢子勵記：

〔註40〕　馬俊亞：《恐懼重構與威權再塑：淮北「毛人水怪」歷史背景研究》，《南京大學學報（哲學·人文科學·社會科學版）》2013 年第 6 期。

〔註41〕　〔宋〕樂史撰、王文楚等點校：《太平寰宇記》，第 1852～1853 頁。

〔註42〕　魯西奇：《中古時代濱海地域的「水上人群」》，《歷史研究》2015 年第 3 期。

〔註43〕　〔宋〕樂史撰、王文楚等點校：《太平寰宇記》，第 459 頁。

> 聖姑，姓郝，字女君。魏青龍二年四月下旬，與鄰女採樵於滬、
> 徐二水合流之處，忽有婦人從水出，置女君於茵上，青衣者侍側，
> 順流而下……女君怡然曰：「今幸得水仙，願勿憂憶！」……今水岸
> 上有郝女君招魂葬處，時人呼爲元姬冡，亦名聖母陵。〔註44〕

孫恩是五斗米道首領，《晉書・孫恩傳》說：「恩窮蹙，乃赴海自沉，妖黨及妓妾謂之水仙，投水從死者百數。」張角是河北鉅鹿郡人，所以河北很早就有聖母信仰。

值得注意的是，東陵的陵是山，大伊山也是山，而東南沿海還有很多山的名字就是太姥山、太武山，姥就是母，武的上古音是明母魚部，武和母是雙聲疊韻，至今中國東南方言的武仍然是 mu 或 bu，太武山就是太姥山。

紹興有天姥山，《太平寰宇記》卷九六越州剡縣：

> 天姥山，在縣南八十里……《吳錄》云：「剡縣有天姥山，傳
> 云登者聞天姥歌謠之響。」〔註45〕

六朝南方地方志經常說到山上的歌謠，顯然是山中越人歌唱。這個天姥山雖然未必源自海上的聖母，但是同卷山陰縣：

> 塗山，在縣西北四十三里，禹會萬國之所。《郡國志》曰：「有
> 石船，長一丈，云禹所乘者。宋元嘉中，有人於船側掘得鐵屨一雙。」
> 又《會稽記》云：「東海聖姑從海中乘船，張石帆至。」〔註46〕

說明紹興有東海聖母信仰，聖姑是別名。現在舟山群島的普陀山觀音信仰源自晚唐，時代很晚，很可能是佛教的改造。

天姥山是道教七十二福地之一，《雲笈七籤》卷二七《洞天福地部》說：「第十六天姥岑。在剡縣南，屬眞人魏顯仁治之。」

今福鼎有太姥山，也在海邊。金門島有北太武山，龍海有南太武山，南北相對，男太武山是九龍江出海口的重要航標。

因爲歷史上閩浙海路交流密切，有很多浙江人南遷福建，所以福建沿海的太姥、太武信仰很可能和江浙的東陵聖母、大伊山聖母、天姥山信仰同源。即使不是直接同源，也都是源自海洋女神崇拜。

另有一個相關地名通名羅浮山，最有名的羅浮山在今廣東博羅，但溫州

〔註44〕〔宋〕樂史撰、王文楚等點校：《太平寰宇記》，第 1345 頁。
〔註45〕〔宋〕樂史撰、王文楚等點校：《太平寰宇記》，第 1933 頁。
〔註46〕〔宋〕樂史撰、王文楚等點校：《太平寰宇記》，第 1925 頁。

之北也有羅浮山，《太平寰宇記》卷九九溫州永嘉縣：「羅浮山，在州北八里，高三十丈，《永嘉記》云：「此山秦時從海中浮來。」〔註47〕今海南澄邁、廣東茂名有羅浮村、臺灣桃園都有羅浮村，羅浮可能是越語地名通名。

羅浮山是道教名山，葛洪《抱朴子·金丹》：「又按《仙經》，可以精思合作仙藥者，有華山、泰山、霍山、恒山、嵩山、少室山、長山、太白山、終南山、女幾山、地肺山、王屋山、抱犢山、安丘山、潛山、青城山、娥眉山、綏山、雲台山、羅浮山、陽駕山、黃金山、鱉祖山、大小天台山、四望山、蓋竹山、括蒼山，此皆是正神在其山中，其中或有地仙之人。上皆生芝草，可以避大兵大難，不但於中以合藥也。若有道者登之，則此山神必助之為福，藥必成。」《晉書·葛洪傳》說葛洪在廣州羅浮山煉丹。

羅浮山的名字，顯然不是源自浮來，這是望文生義的牽強附會。值得注意的是，閩南人古代的航海指南稱霞浦縣的羅浮為老湖，〔註48〕浮讀為胡是閩語特徵。這個讀音啓發我們思考，羅浮很可能是老母的音訛。

海南島中部的黎母山，源自黎族對大地母親的崇拜，由來很久。黎婺山是同音異寫，所謂對應婺星之說，純屬牽強附會。

羅浮山很可能就是黎母山，源自對大地母親的崇拜。羅通黎，都是指山野，博羅即越語的山口，《呂氏春秋》卷二十《恃君》列舉四方無君之國，說：

> 揚、漢之南，百越之際，敝凱諸、夫風、餘靡之地，縛婁、陽
>
> 禺、驩兜之國，多無君。

縛婁即博羅，秦漢的博羅縣包括東江流域，博的上古音是幫母鐸部 bak，是越語的口，羅的上古音是來母歌部 lai，是越語的山。所以博羅的原義是山口，博羅正是在珠江三角洲進入東江流域的山口。

北宋樂史《太平寰宇記》卷一百六十九儋州風俗：「俗呼山嶺為黎，人居其間，號曰生黎。」〔註49〕粵語的黎 lai 正是山，黎族因為住在山地而得名。六朝時漢人稱廣東的土著為俚人，讀音也是 lai，也是因為他們住在山中。俚人壯傣族群，不是黎族。

東漢會稽人袁康、吳平的《越絕書》卷三《吳內傳》中保留了一段珍貴的古越語，是句踐的軍令漢譯，說：「萊，野也。」會稽越人稱野為萊，很可

〔註47〕〔宋〕樂史撰、王文楚等點校：《太平寰宇記》，第 1979 頁。
〔註48〕陳峰輯注：《廈門海疆文獻輯注》，廈門大學出版社，203 年，第 301 頁。
〔註49〕〔宋〕樂史撰、王文楚等點校：《太平寰宇記》，第 3233 頁。

能也是從山野引申而來的同源字。上古萊和黎相通，今鄭州市北部有一個古地名時來，又作祁黎，《左傳》隱公十一年（前712年）：「夏，公會鄭伯於時來。」《公羊傳》作祁黎，就是《水經注》的釐城，卷七《濟水》：「濟水又東南逕釐城東。《春秋經》書：公會鄭伯於時來，杜預所謂釐也。京相璠曰：今滎陽縣東四十里，有故釐城也。」滎陽古城東四十里，在今鄭州市北部。西漢在海南島設有至來縣，這個來，很可能就是黎。

廣東茂名也有浮山，《太平寰宇記》卷一百六十一高州茂名縣：

> 浮山，其山高七百尺，堯時洪水泛濫，此山獨浮。人居其上，
> 得免沉墊，人呼為浮山。〔註50〕

浮山不可能源自漂浮，這是牽強附會。我認為浮山也是出自地母崇拜，同卷電白縣說：

> 洗氏墓，高涼人，乳長七尺。〔註51〕

洗氏即洗夫人，乳長七尺，類似我們現在看到的很多上古文物極端誇大女性的身體部位，說明這裡原來確實有母神崇拜。

這一帶很早也有道士活動，唐代劉恂《嶺表錄異》說：「潘州昔有方士潘茂，於此升仙，遂以名。」《元和補志》卷八引唐代段公路《北戶錄》說，潘州有歷仙墟，是潘茂真人燒丹處。南宋《輿地紀勝》高州茂名縣引《圖經》說東晉道士潘茂名於東山採藥煉丹，於西山升仙，鎮南大將軍馮遊於二山間築城，建潘州茂名縣。同卷的《仙釋》說潘茂名是潘州人，西晉永嘉中入山，遇二道士，後於東山採藥煉丹，於西山百日上升，今有潘仙石船丹灶。桂林龍隱岩的北宋劉褒手書《高州石屏記》說高州茂名縣：「父老言昔有仙人姓潘，居此煉丹。近十數年來，工人入山鑿石，乃得樹木屏於石中，蓋仙所遺丹劑墮地融結者，一層復一層，殆可揭取。」〔註52〕

劉向《七略》的《方技略》的房中家有《天老雜子陰道》二十五卷，天老疑即太姥，則房中術可能來自南方沿海，令人想到印度的《愛經》。神仙家有《黃帝雜子步引》十二卷、《黃帝岐伯按摩》十卷、《黃帝雜子芝菌》十八卷，《莊子·刻意》：「吹呴呼吸，吐故納新，熊經鳥申，為壽而已矣，此道引之士，養形之人，彭祖壽考者之所好也。」導引類似瑜伽，中國菌菇以雲南

〔註50〕〔宋〕樂史撰、王文楚等點校：《太平寰宇記》，第3091頁。
〔註51〕〔宋〕樂史撰、王文楚等點校：《太平寰宇記》，第3090頁。
〔註52〕王承文：《漢晉嶺南道教「丹砂靈藥」考》，《秦漢史論叢》第七輯，第137頁。

最多，印度文化正是從雲南傳入中國。

六、廣西合浦與南溟夫人

　　廣西北海的潿洲島很著名，原來的海神也是女神。關於潿洲島早期的歷史，前人一般引晉劉欣期《交州記》：「合浦潿洲有石室，其裏一石如鼓形。見榴杖倚著石壁，採珠人常祭之。」這時的潿洲島海神海很原始，僅有石鼓。

　　前人未曾注意，杜光庭《墉城集仙錄》卷八《南溟夫人》，還有潿洲島海神記載：

> 　　南溟夫人者，居南海之中，不知品秩之等降，蓋神仙得道者也。有元徹、柳實二人，同志訪道，於衡山結廬，棲遁歲餘。相與適南，至廉州合浦縣登舟，將越海而濟，南抵交址，維舟岸側。適村人享神，簫鼓喧奏。舟人水工，至於僕使，皆往觀焉，唯二子在舟中。俄爾颶風斷纜，漂舟入海，莫知所之，幾覆沒者二三矣。
>
> 　　忽泊一孤島，風浪亦定，二子登岸，極目於島上，見白玉天尊像，瑩然在石室之內。前有金爐香爐，而竟無人。二子周覽悵望，見一巨獸出於波中，若有所察，良久而沒。俄爾紫雲湧於海面，彌漫三四里，中有大蓮花，高百餘尺，葉葉旋舒，內有帳幄，綺繡錯雜。虹橋闊數十尺，直抵島上。有侍女捧香於天尊像前，炷香未已，二子哀叩之，以求救拔，願示歸路。
>
> 　　侍女訝曰：「何遽至此耶？」以事白之，侍女曰：「少頃南溟夫人與玉虛尊師約，子可求而請之也。」侍女未去，有一道士乘彩雲白鹿而至，二子哀泣以告之，道士曰：「可隨此女謁南溟夫人也。」二子受教，隨侍女登橋，至帳前，再拜稽首，以漂泛之由，述其姓字。夫人命坐，尊師亦至，環坐奏樂，頃之進饌，尊師曰：「二客求人間饌以享之。」饌畢，尊師以丹篆一卷授夫人，夫人拜受訖，尊師告去，謂二子曰：「有道氣，無憂歸路也。合有靈藥相贈，子分未合。當自有師，吾不當為子之師也，他日相見矣。」二子拜辭，尊師乘鹿而去。頃有武夫長十餘丈，金甲執劍，進曰：「奉使天兵，清道不謹，法當顯戮，今已行刑。」遂趨而沒，夫人即命侍女，示二子歸路曰：「從百花橋去。」贈以玉壺，曰：「前程有事，可叩此壺也。」遂辭夫人，登橋而去。橋長且廣，欄干上皆異花。二子花間

窺見千虬萬龍，互相繳結而爲橋矣，見向之巨獸，已身首異處，浮於波間。二子問所送使者斬獸之由，答曰：「爲不知二客故也。」

　使者謂二客曰：「我不當爲使送子，蓋有深意欲奉託也。」衣帶間解合子琥珀與之，中有物隱隱然若蜘蛛形，謂二子曰：「我輩水仙也，頃與番禺少年情好之至，有一子三歲，合棄之，夫人今與南嶽郎君爲子矣。中間回雁峰使者有事於水府，吾寄與子所弄玉環與之，而爲使者隱卻，頗以爲悵望。二客持此合子於回雁峰廟中投之，若得玉環，爲送嶽廟，吾子亦當有答，慎勿開啓。」二子受而懷之，又問：「玉虛尊師云子自有師，誰也？」曰：「南嶽太極先生耳，自當遇之。」須臾橋盡，與使者相別，已達合浦之岸，問其時代，已十二年矣。

　於是將還衡山，中途餒甚，試叩玉壺，則珍味至，二子一食，不復饑渴。及還，妻已謝世，家人曰：「郎君溺海十餘年矣。」自此二子益有厭俗之志，無復名宦之心，乃登衡嶽，投合子於回雁峰廟，瞬息之間，有黑龍長數丈，激風噴電，折木撥屋，霹靂一聲，廟宇立碎，戰慄之際，空中有人以玉環授之，二子得環，送於嶽廟，及歸，有黃衣少年持二金合以酬二子曰：「南嶽郎君持此還魂膏以報君也。家有斃者雖一甲子，猶可塗頂而活。」既受之而失其使。二子遂以膏塗活其妻。後因大雪，見一樵叟負重凌寒，二子哀其老，以酒飲之，忽見其簷上有太極字，遂禮而爲師，曰：「吾得神仙之道，列名太極矣，太上敕我來度子耳。」因見玉壺曰：「此吾貯玉液之壺，亡來數十甲子，甚喜再見。」遂以玉壺獻之。二子隨太極先生入朱陵宮祝融峰，歷遊諸仙府，與妻俱得昇天之道。〔註53〕

元徹和柳實，從湖南經過合浦，去交趾（今越南），反映湖南和廣西、越南之間的聯繫。葛洪曾經要去交趾尋找丹砂，這兩個道士去交趾，很可能也是尋找某種珍品。

合浦是漢代中國最重要的外貿港，現在合浦縣城附近有上千座漢墓，出土了大量來自東南亞、西亞、南亞甚至歐洲的水晶、瑪瑙、琥珀、琉璃、玻璃、金、銀、錫等製品，陳列在合浦縣的漢墓博物館。我曾經到合浦縣考察，

下圖是我拍攝的一些合浦漢墓出土的外域珍品。

1988 年 11 月紅嶺頭 34 號墓出西漢深藍色玻璃杯、文昌塔漢墓出
羅馬玻璃碗

1984 年 9 月凸鬼嶺飼料廠 7 號墓出土深藍色玻璃環、1988 年母豬嶺
1 號墓出土湖藍色玻璃盤

1986 年 10 月二麻南邊外圍墓出土金手鐲、1986 年 4 月風門嶺
4 號墓出土金戒指

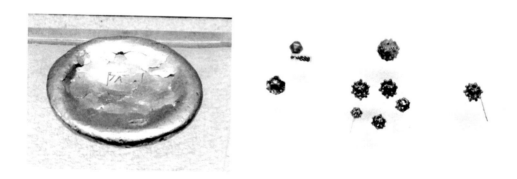

1971 年望牛嶺 1 號墓出土阮字金餅、合浦各墓出土的纏花金球

1990 年 6 月黃泥崗 1 號墓出紫水晶串、1986 年 4 月風門嶺
10 號墓出白水晶串

1992 年 12 月汽齒廠 30 號 B 墓出瑪瑙串珠、1988 年 8 月
紅嶺頭 3 號墓出銀串

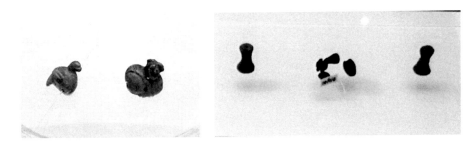

1980 年 9 月文昌塔生資倉 1 號墓出鴿形綠松石、1978 年 5 月北插江
1 號墓出綿羊形綠松石、1992 年 11 月汽齒廠 25 號墓出琥珀

2008 年僚尾 13 號 B 墓出波斯綠釉陶瓶、1993 年風門嶺麻紡廠
4 號墓出湖藍色玻璃串珠

菲律賓巴拉望島島 Uyaw 洞穴遺址出土有角玦狀玉環、合浦文昌塔
1 號墓出土仿玉琉璃環

20092 僚尾 13 號 B 墓出土胡人座燈、合浦出土錫珠串

合浦郡的商品最初通過海路北運，直到東漢建初八年（83 年），中原與交趾的道路才由海路改爲陸路。《後漢書》卷三十三《鄭弘傳》說：「舊交趾七郡貢獻轉運，皆從東冶泛海而至，風波艱阻，沉溺相繫。弘奏開零陵、桂陽嶠道，於是夷通，至今遂爲常路。」陸路經過湖南，所以合浦和湖南一直有密切聯繫。

元徹和柳實到達合浦縣南的大島，或許是瀾洲島。唐代島上的石室，已經出現了白玉天尊像。此時還有南溟夫人，出現了明確的女海神記載。不過也有可能是更南的海島，或許在今越南沿海。

清代記載張保仔最詳細的史料袁永綸《靖海氛記》上卷說：

> 惠州有廟，曰三婆者，在海旁，數著靈異。賊舟過，彼虔祀。
> 稍不盡誠，禍咎立至，賊事之甚謹。一日，各頭領齊詣羅拜，欲捧
> 其像以歸，俾朝夕求問，皆持之不動，張保一扶而起，遂奉以歸舟，
> 如有風到船者。凡往來出沒，搶劫打仗，皆取決於神。每有祈禱休
> 咎，悉驗。

惠州是瀾洲島之誤，讀音接近。三婆廟，在今廣西北海合浦縣南灣村、電白僚村、南康鎮、瀾洲島、欽州、防城、澳門氹仔島等地都有。2017 年 10 月 14 日，我考察了北海市南灣村、電白僚村的三婆廟，當地人雖然認爲三婆等於媽祖，但是不能解釋爲何媽祖在福建是一個人，到了這裡就變成了三個

人。老百姓的說法很多，有人說是媽祖的三個化身，有人說是媽祖的三個姐妹，有人說是媽祖和另外兩個神。

我讀到了謝重光先生研究三聖妃的文章，才恍然大悟，三婆源自福建的三聖妃。南宋仙遊縣志《仙溪志》記載有三妃廟：

> 三妃廟，在縣東北二百步。一順濟廟，本湄州林氏女，為巫，能知人禍福，歿而人祠之，航海者有禱必應，宣和間賜廟額，累封靈惠顯衛助順英烈妃，宋封嘉應慈濟協正善慶妃，沿海郡縣皆立祠焉。一昭惠廟，本興化縣有女巫，自尤溪來，善禁咒術，歿為立祠，淳熙七年賜廟額，紹興二年封順應夫人。一慈感廟，即縣西廟神也。三神靈跡各異，惟此邑合而祠之，有巫自言神降，欲合三廟為一，邑人信之，多捐金樂施，殿宇之盛為諸廟冠，俗名三宮。

謝文考出供奉的是臨水夫人、媽祖和李夫人，現在閩西稱為陳、林、李三位夫人。《臨汀志》記載：

> 三聖妃宮，在長汀縣南富文坊，及潮州祖廟。靈惠惠助顯衛英烈侯博極妃、昭眖協助靈應慧祐妃，昭惠協濟靈順惠助妃。嘉熙間創，今州縣吏運鹽綱必禱焉。

三聖妃就是三妃，源自莆田，經過潮州傳入汀州，所以運鹽船供奉三聖妃，潮州也有三聖妃廟。〔註54〕

可惜謝文未能把三聖妃和三婆聯繫起來，我認為三婆很可能就是三聖妃的南傳。因為莆田很早就有三聖妃，而三婆也是三位女海神，所以很可能是在福建人南遷兩廣時，帶來了這個信仰。因為時間很早，所以名稱發生了變化。因為媽祖信仰的影響力更大，所以現在兩廣人記得其中有媽祖，但是不能解釋另外兩個女海神。

我在 2017 年 10 月 18 日到雷州半島南端的徐聞縣考察，在漢代海上絲綢之路最著名的碼頭今二橋村考察，發現這裡供奉的婆媽神也是三位女海神，無疑就是三婆。徐聞縣人說閩語，婆媽帶有閩語色彩。

在福建的三聖妃南傳之前，瀾洲島等海島已經出現了南溟夫人的女海神信仰。而且有道士活動，所以有天尊像。

侍女自稱為水仙，也是五斗米道的稱呼。侍女的原型很可能是疍民女子，

〔註54〕謝重光：《三聖妃信仰與三奶夫人信仰關係試析》，《媽祖文化研究論叢》，人民出版社，2012 年。

番禺少年的原型是來自廣州的水手、商人，二者戀愛反映了廣東和廣西、越南之間的商路。這種外來男子和海島女子結婚生子的記載，古代很多。

故事中還出現了琥珀，琥珀多產自緬甸，說明潿洲島通過海路得到很多遠方的珍品。潿洲島一帶海域是中國古代最著名的珍珠產地，道士去這裡不知是不是和採取珍珠有關。

故事說二人在潿洲多年，家人以爲死在海上，這是古代航海故事經常出現的情節。或許他們漂流到的確實是遠離廣西的海島，所以長久不回。或許是因爲修道等其他原因，長年留居島上。

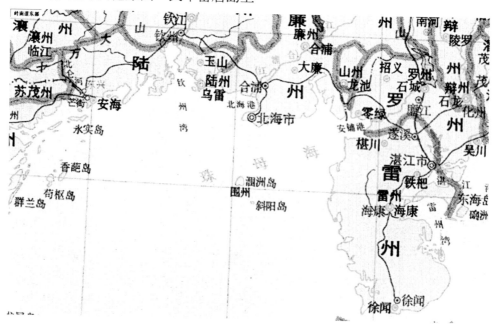

唐代潿洲島附近地圖〔註55〕

七、《眞誥》所記晉朝官員成爲海神

陶弘景《眞誥》卷十五記載不少漢晉人物死後在陰間爲神，其中說：

> 顧和從遼東戍還，有事已散，北帝當用爲執蓋郎。蓋郎范明，遷補典柄侯。顧和，字君孝，吳郡人，少孤有志操，仕晉爲吏部侍郎、御史中丞、吏部尚書、領軍尚書僕射、尚書令，永和七年病亡，年六十四，贈侍中司徒，謚穆公……

〔註55〕譚其驤主編：《中國歷史地圖集》第五冊，第69頁。

　　溫太眞爲監海開國伯，治東海，近取杜預爲長史，位比大將軍
　　長史。溫嶠，字太眞，太原祁人，仕晉爲江左平南將軍，江州刺史，
　　下平蘇峻，位至驃騎將軍開府，封始五公，咸和四年病亡，年四十
　　二，贈大將軍，諡中武公。

顧和、溫嶠都是晉朝高官，顧和被北帝用爲執蓋郎，《晉書》卷八十三《顧和傳》看不出線索，《太平御覽》卷九九一人參說：

　　慕容晃與顧和書曰：今致人參十斤。

慕容皝是前燕君主，說明顧和很可能從海路出使過前燕，所以《眞誥》說顧和從遼東戌還，北帝就是慕容皝。

溫嶠是太原人，依并州刺史劉琨，劉琨被段匹磾殺害，溫嶠投奔東晉。此時中原已在劉聰、石勒之手，溫嶠南奔或是從幽州出海。經過東海，所以《眞誥》說溫嶠死後爲東海的監海開國伯。

劉敬叔《異苑》卷七：

　　晉溫嶠至牛渚磯，聞水底有音樂之聲，水深不可測，傳言下多
　　怪物，乃燃犀角而照之。須臾見水族覆火，奇形異狀，或乘馬車，
　　著赤衣幘。其夜夢人，謂曰：「與君幽明道隔，何意相照耶？」嶠甚
　　惡之，未幾卒。

傳說溫嶠死前，在牛渚磯（在今馬鞍山）水下看到怪物，這也是溫嶠死後成爲海神的根源。

第九章　山東人南遷舟山與孫恩起兵

　　舟山群島的早期文獻匱乏，前人研究六朝史，也較少關注海上移民史，所以尚未有人揭示出六朝時期山東人從海路大規模移民到舟山群島的歷史。六朝時期是中國歷史上一個大動亂、大移民、大融合的時期，永嘉喪亂之後，北方人大舉南遷。前人論述六朝北方人從海路南遷，集中在劉宋時期。其實在東晉時期，也有很多山東人從海路南遷，這就是琅邪人孫恩以舟山群島爲基地的原因。從舟山群島的地名可以看出，主要島嶼的名字都源自山東。

一、山東人南遷與孫恩起兵

　　東晉在今江蘇鎮江到常熟一帶僑置徐州，宋文帝元嘉八年（431 年）改名南徐州。《宋書・州郡志一》南徐州：「晉元帝初，割吳郡海虞縣之北境爲東海郡，立郯、朐、利城三縣……穆帝永和中，郡移出京口，郯等三縣亦寄治於京。文帝元嘉八年立南徐，以東海爲治下郡，以丹徒屬焉。郯、利城並爲實土。」南宋王象之《輿地紀勝》卷九江陰軍古利城縣城條說：

> 《輿地志》云：晉元帝以海虞縣北境之土山立利城縣，以處流民。宋元嘉八年，遷利城於武進之利浦。《寰宇記》云：在奉國寺南。戰國時築城，名若溪。唐武德三年，倂入江陰縣。古今遷徙雖不常，而今利城鎮西南三里相傳爲子城基，城壕遺址尚可彷彿，疑古縣治云。

　　晉元帝時，初僑東海郡，就有利城縣，在今江陰市璜土鎮利城村，現在長江岸邊，當時爲海口。利城縣原在今江蘇贛榆縣西，所以利城縣人南遷，無疑是通過海路。臨近利城之地的北方人南遷，也應有很多人選擇海路。

　　因爲江浙海上聚集了很多山東流民，而且流行道教，所以五斗米道世家

琅邪郡人孫恩利用了這些人發動了對東晉朝廷的大戰。據《晉書》的《孫恩傳》、《盧循傳》、《劉牢之傳》與《宋書·武帝紀》記載，孫恩是琅邪人，世奉五斗米道，叔父孫泰師從錢唐（今杭州）人杜子恭，在江南勢力很大。司馬道子誅殺孫泰，孫恩逃入會稽郡海中，也即今舟山群島。

晉安帝隆安三年（399年），孫恩從舟山群島進攻上虞縣與會稽郡治山陰縣，有眾數萬。會稽、吳郡、吳興、義興、臨海、永嘉、東陽、新安等凡八郡響應，浙東死者十有七八。劉牢之前來征討，孫恩俘虜二十餘萬人，逃入舟山群島。四年（400年），孫恩入餘姚，破上虞，退入舟山群島。五年（401年），劉裕堅守句章縣城（在今寧波慈城鎮王家壩村），又在海鹽縣打敗孫恩。孫恩北走，攻破吳淞江口的滬瀆壘（在今上海），又從長江進攻建康，失敗後從廣陵（今揚州）入海，北走鬱洲島（今連雲港市雲台山）。劉裕一路追擊，孫恩敗退舟山群島。元興元年（402年），孫恩攻打臨海郡（今台州），敗亡。

孫恩餘部在妹夫盧循帶領下沿海南下，攻佔廣州（今廣州）。義熙六年（410年），盧循從湘江、贛江，順長江而下，進攻建康，次年敗歸廣州，克合浦（今廣西合浦），攻交州，至龍編（在今越南），敗亡。

孫恩的部眾善於海戰，來往於江浙沿海，人數很多，最初的基礎是來自山東的移民。舟山群島，地大島多，提供了孫恩起義的經濟基礎，唐李吉甫《元和郡縣圖志》明州說：「翁洲，入海二百里……其洲周環五百里，有良田湖水，多麋鹿。」〔註1〕

二、舟山群島主要島名源自山東

孫恩是琅邪人，他的部眾多數來自山東半島。前人未曾發現，舟山群島的主要島嶼的名字居然都是來自山東！下文逐一分析其主要島嶼的名字與山東地名的聯繫：

1. 舟山島原名翁山，舟山島在唐代建翁山縣，但是翁山的名字六朝時期早已出現，東晉葛洪的《抱朴子·金丹》說：「若不得登此諸山者，海中大島嶼，亦可合藥。若會稽之東翁洲、亶洲、紵嶼，及徐州之莘莒洲、泰光洲、鬱洲，皆其次也。」會稽之東的翁洲即翁山島，翁山可能源自青島東南的大公島，。

〔註1〕〔唐〕李吉甫撰、賀次君點校：《元和郡縣圖志》，北京：中華書局，1983年，第630頁。

2. 舟山島或許又名蒙山，《梁書》卷三十九《羊鯤傳》說：

> （侯）景於松江戰敗，惟餘三舸，下海欲向蒙山。會景倦晝寢，（羊）鯤語海師：「此中何處有蒙山！汝但聽我處分。」遂直向京口，至胡豆洲。〔註2〕

前人多以爲胡豆州是今南通市區一帶的沙洲，松江即吳淞江，今爲黃浦江支流，當時獨立入海，京口即今鎮江。這裡的蒙山，有人誤以爲是今山東的蒙山，或安徽蒙城縣的蒙山。其實蒙山肯定在海中，肯定不是山東或安徽的蒙山。侯景叛齊奔梁，不可能再去北齊。我以爲，這裡的蒙山就是後世的翁山，也即今舟山島。蒙、翁讀音接近，侯景在長江口，自然是想逃入舟山島。舟山島嶼很多，能爲侯景提供藏身之處。蒙山，令人想到山東著名的蒙山，今有蒙陰縣。

3. 舟山島，一說古名珠山，〔註3〕此名或許來自今山東省膠南市東南沿海的大珠山、小珠山。大小珠山在齊長城入海之地，南有著名的徐福航海基地琅邪臺，是山東沿海名山。

東漢末年的戰爭中，有很多人從海路避難，經過大小珠山，當時就叫州山，讀音與舟山完全相同。唐代封演《封氏聞見記》：

> 密州之東，臨海有二山。南曰大朱，北曰小朱……漢末，崔炎於高密從鄭玄學，遇黃巾之亂，泛海而南，作《述初賦》，其序云：「登州山以望滄海。」據其處所，正相合也。大朱東南海中有句遊島，去岸三十里，俗云句踐曾遊此島，故以名焉。《述初賦》又云：「朝發兮樓臺，回盼於句榆，朝食兮島山，暮宿兮鬱州。」鬱州，今海州東海縣，在海中。《晉書》石勒使季龍討青州刺史曹嶷，嶷欲死保根余山，然則句榆、根余當是一山，亦聲之訛變耳。〔註4〕

東漢末年，崔琰爲避黃巾戰亂，離開不其縣（治今青島市北），從州山（今珠山）登船，經句榆島到鬱州島（今連雲港雲台山）。句榆應是今靈山島，今離岸11千米，在大珠山東方。

《水經注》卷三十《淮水》：

〔註2〕〔唐〕姚思廉：《梁書》，第562頁。

〔註3〕陳訓正、馬瀛：《定海縣志》卷一，《中國方志叢書》華中地方第75號，成文出版社有限公司，1970年，第50頁。

〔註4〕〔唐〕封演撰、趙貞信校注：《封氏聞見記》卷八，北京：中華書局，2005年，第72頁。

　　（游水）又逕朐山西。山側有朐縣故城。秦始皇三十五年，於
朐縣立石海上，以爲秦之東門。崔琰《述初賦》曰：倚高艫以周眄
分，觀秦門之將將者也。東北海中有大洲，謂之郁洲，《山海經》所
謂郁山在海中者也。言是山自蒼梧徙此，雲山上猶有南方草木。今
郁州治。故崔季珪之敍《述初賦》，言郁州者，故蒼梧之山也，心悅
而怪之，聞其上有仙士石室也，乃往觀焉。見一道人獨處，休休然
不談不對，顧非己所及也。即其《賦》所云：吾夕濟於郁洲者也。

　　崔琰從小珠山到鬱州島只用了一天，可見航行之速。鬱州島上在漢末就
有道士修行，因爲有深厚的宗教基礎，所以孫恩要從南方轉戰至此。東晉初
年，石趙攻打青州，青州刺史曹嶷保根余山（即句榆島），當時一定還有很多
百姓到了膠東島嶼。

　　4. 岱山，舟山島之北的最大島是岱山島，今有岱山縣，岱山來自泰山的
古名岱山。

　　5. 舟山、岱山之間的秀山島，原名蘭秀山，由蘭山、秀山兩島聯結而成。
蘭山可能來自魯南的蘭陵縣，在今蘭陵縣蘭陵鎮。蘭陵即蘭山，此名源頭很
古，商代的東夷中已有藍夷。也有可能來自今日照南部海邊的嵐山，嵐山之
南就是贛榆縣，其南是連雲港，古名朐縣。

　　6. 衢山，岱山之北的最大島是衢山，宋代日本京都東福寺塔頭栗棘庵所
藏南宋末年《輿地圖》寫作朐山。〔註5〕

　　朐山即今連雲港市南部的錦屏山，古名朐山。最初在秦朝，已在朐山之
旁設朐縣。《史記·秦始皇本紀》說：「於是立石東海上朐界中，以爲秦東門。」
朐縣被秦始皇看成海上東門，地位很高。朐縣在東晉時期也僑置到了南徐州
南東海郡，很可能也是通過海路。朐山原來在海邊，康熙年間才和鬱洲島聯
結。朐縣從隋代開始成爲海州治所，即今連雲港前身。

　　7. 黃澤山，是衢山島之北的大島，宋代熙寧五年（1072年）入宋的日本
僧人成尋《參天台五臺山記》稱爲黃石山。〔註6〕

　　黃石山名，或許來自齊地的名山黃石山，即傳授兵法給張良的黃石公所

〔註5〕曹婉如等：《中國古代地圖集（戰國～元）》，文物出版社，1999年，第83圖。
　　　黃盛璋：《宋刻輿地圖綜考》，同書文字部分第56～60頁。
〔註6〕〔日〕成尋著、王麗萍校點：《新校參天台五臺山記》卷一，上海古籍出版社
　　　2009年版，第11頁。

居之地。《史記‧留侯世家》黃石公說：「十三年，孺子見我濟北，穀城山下黃石即我矣。」《正義》引《括地志》云：「穀城山，一名黃山，在濟州東阿縣東。」在今平陰縣東阿鎮。

8. 長白山，在舟山島西北，或許來自齊地長白山，在今章丘、鄒平之間，即隋代王薄起兵之地。

9. 嵊泗縣之名源自嵊山、泗山，嵊山之名的本源是山東半島最東部的成山頭。有的人不認識嵊山，讀作乘山，讀音近成。一說嵊山因為在嵊泗列島的盡頭而得名，嵊、盡讀音相近。嵊、盡的古音確實接近，所以嵊山即盡山，成山頭恰好也是山東半島的最盡頭，所以山東成山的本名也是盡山。聯繫六朝山東人南遷舟山群島的歷史，不難想像，嵊山的真正源頭山東半島最東部的盡山：成山！嵊山未必是直接源自成山，即使僅是同源地名，也有關係。泗礁山，可能來自魯地泗水，今有泗水縣。

10. 大榭島，是今舟山島與寧波之間的大島，或許源自山東的大謝島，《新唐書‧地理志七》登州入高麗海路記載：「登州東北海行，過大謝島、龜、歆島、末島、烏湖島三百里。」大謝島是今長島縣城所在的南長山島，《太平寰宇記》卷二十登州蓬萊縣：「大謝戍在縣北海中三十里，周回百二十步。」南長山島正在蓬萊縣北三十里，是廟島群島最大島。〔註7〕

另外冊子島是舟山島和金塘島之間的重要海島，冊很可能源自柵，現在山東地名中的冊，有的也源自柵，比如郯城縣高冊村。

大長塗島在岱山島之東，此島有秦王嶺，來自東海郡與山東半島一帶的秦始皇傳說。

長塗島之東的中街山列島，原名中界山。中街山列島最東的東福山原名是鑊山，因為形圓如鍋得名，但是後世被附會為徐福渡海之地。徐福是齊人，自琅邪出海，不可能從舟山群島出海。東福島之西有西福山，是東福山的派生地名。山東青島也有福島，傳說也和徐福有關。徐姓源自徐人，在今江蘇北部與山東。所以上古的山東就是徐姓聚居地，徐姓的郡望是東海郡。舟山群島有徐公島，在泗礁山之西。徐公島，宋代叫徐翁島，〔註8〕很可能源自山東南遷的徐姓。桃花島古代稱為安期鄉，朱家尖島有安期洞，傳說是安期生居住地，未必是安期生真正的居住地，但是這個傳說也與道教有關。

〔註7〕〔宋〕樂史撰、王文楚等點校：《太平寰宇記》，第408頁。
〔註8〕〔日〕成尋著、王麗萍校點：《新校參天台五臺山記》卷一，第11頁。

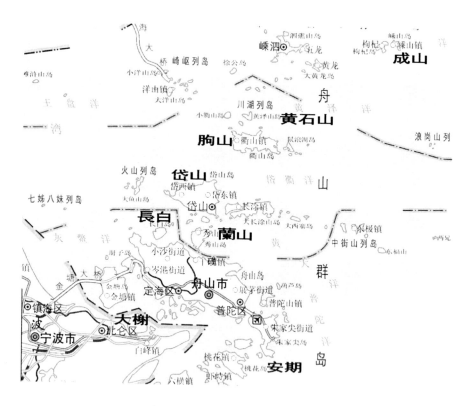

舟山群島源自山東的地名圖

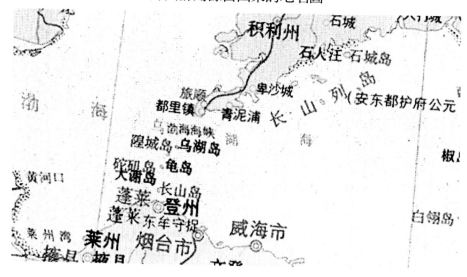

唐代大謝島的位置圖〔註9〕

〔註9〕譚其驤主編:《中國歷史地圖集》第五冊,第51頁。

三、山東移民對浙東的影響

舟山群島的土著是越人，樂史《太平寰宇記》明州說：「東海上有野人，名為庚定子。舊說云昔從徐福入海，逃避海濱，亡匿姓名，自號庚定子。土人謂之白水郎。脂澤悉用魚膏，衣服兼資絹布，音訛亦謂之盧亭子也。」〔註10〕

庚定子是盧定子之形訛，亦即盧亭，南宋周去非《嶺外代答》卷三《蜑蠻》說：「廣州有蜑一種，名曰盧停，善水戰。」〔註11〕所謂盧循遺種，是漢人曲解。徐松石指出盧亭、盧循是馬來語海 Laoetan，盧亭即海人。〔註12〕此說精闢，馬來語的海是 laut。《北史》卷四十一《楊素傳》：「泉州人王國慶……據州為亂，自以海路艱阻，非北人所習，不設備伍。素泛海奄至……時南海先有五六百家，居水為亡命，號曰游艇子。」此時的泉州在今福州而非泉州，游即盧之音訛，游為以母幽部，盧為來母魚部，音近。總之游艇子、白水郎是南島民族，古代江浙沿海也有南島語系民族和文化。〔註13〕《太平寰宇記》這一條雖然出自北宋初年樂史編撰的書，但是樂史此書抄錄歷代志書，所以很可能來自漢唐時期。經過六朝隋唐時期的融合，宋代的舟山群島無疑早已完成了漢化。

其實說蜑民是盧循的餘部，既不對，也對，因為盧循確實吸納很多蜑民參軍。因此盧循能造大船，《太平御覽》卷七百七十引《義熙起居注》說，盧循作八槽艦，起樓四層，高十餘丈。孫恩敗亡，盧循仍然能夠佔據永嘉、晉安郡，說明道教在浙閩沿海的蜑民中勢力很大。

根據復旦大學分子人類學專業嚴實博士的統計，現在江南的越人後裔集中在紹興、蘇州、泰州等地，而東部沿海的上海、寧波、台州等地人父系血統源自北方漢族的成分超過紹興、蘇州、泰州等地。〔註14〕我認為，這是因為古代的越人數量總體上少於漢人，而且漢人南遷除了陸路，還有從北方沿

〔註10〕　〔宋〕樂史撰、王文楚等點校：《太平寰宇記》卷九八，第 1960 頁。

〔註11〕　〔宋〕周去非著、楊武泉校注：《嶺外代答校注》，北京：中華書局，1999 年，第 116 頁。

〔註12〕　徐松石：《東南亞民族的中國血緣》，香港平安書店，1959 年，第 110 頁。

〔註13〕　周運中：《中國南洋古代交通史》，第 30～51 頁。

〔註14〕　嚴實：《人類學雜記——22.Y 染色體分析江蘇和浙江的民系》，引自嚴實的博客：polyhedron 的博客，網址：http://blog.sina.com.cn/s/blog_465ddf790101ecm1.html。

海直接南下浙東的海路。所以越人的後裔主要聚居在吳、越都城和裏下河湖沼地帶，而沿海的漢人後裔比重更高。

舟山群島源自山東的島名集中在北部，因爲山東移民聚集在北部。源自山東的地名是大島之名，因爲移民首選大島居住。移入舟山的山東半島地名，或在移民主要來源地琅邪郡、東海郡，如蒙山、州山（珠山）、蘭山（嵐山）、朐山。或是山東半島重要的航海節點，如成山。或是廟島群島最大島嶼，如大謝島。或是山東半島的名山，如岱山（泰山）。大量山東移民遷居舟山，原有越人數量很少，所以移民基本替代了原有人口，山東地名也替代了原有主要島名。

山東人從海路到浙東，要經過長江口的今上海地域，東晉干寶《搜神記》卷二十《華亭大蛇》說：

> 吳郡海鹽縣北鄉亭里，有士人陳甲，本下邳人。晉元帝時寓居華亭，獵於東野大藪，歘見大蛇，長六七丈，形如百斛船，玄黃五色，臥岡下。陳即射殺之，不敢說。三年，與鄉人共獵，至故見蛇處，語同行曰：「昔在此殺大蛇。」其夜夢見一人，烏衣，黑幘，來至其家，問曰：「我昔昏醉，汝無狀殺我。我昔醉，不識汝面，故三年不相知，今日來就死。」其人即驚覺。明日，腹痛而卒。〔註15〕

這則史料雖然出自筆記小說，但是非常寶貴，反映了東晉初年淮北移民進入上海的歷史。陳甲是下邳人，古代下邳縣城在今江蘇省睢寧縣北的古邳鎮，西晉有下邳國，轄今泗陽縣、泗縣到邳州市一帶，所以此處的下邳也有可能是下邳國。下邳地處中原四戰之地，東晉初年晉元帝司馬睿原來就在下邳，所以東晉初年，自然有很多下邳人南渡到江南。陳甲與鄉人出獵，說明來到華亭的下邳人很多，是同鄉集體移民。下邳到華亭，可以走陸路，也有可能是海路。

早期華亭史料極少，正史不可能詳細記載東晉初年的華亭移民。此條記載說明北方移民來到華亭，住在東野大藪，也即東部沿海的荒野大澤。這樣避免侵佔原來華亭居民土地，引發矛盾。陳甲見岡下有大蛇，其實就是上海的岡身地帶，也即古海岸的沙岡。

六朝時期氣溫下降，加上移民開墾荒地，所以很多南方生物逐漸消失。

〔註15〕王根林、黃益元、曹光甫校點：《漢魏六朝筆記小說大觀》，上海古籍出版社，1999年，第434頁。

這個故事反映了上海蟒蛇滅絕的過程。西晉開始，中國氣候顯著趨向乾冷，《宋書》卷三十一《五行志二》記載晉武帝太康元年（280 年）到太熙元年（290年），連續十一年大旱。晉惠帝時又有四年大旱，到晉懷帝永嘉三年（309 年）：「河、洛、江、漢皆可涉。」〔註16〕黃河、洛河、長江、漢水竟然旱到可以走過，這是中國歷史上罕見的大旱景象。魏晉時期，中國氣候還顯著變冷，《宋書》卷三十三《五行志四》說：「吳孫權赤烏四年（241 年）正月，大雪，平地深三尺，鳥獸死者太半。」〔註17〕西晉時期又有多次大雪，到晉懷帝永嘉元年（307 年）：「十二月冬，雪平地三尺。」〔註18〕建業（南京）、洛陽都有一米深的大雪，說明氣候嚴重變冷。

　　山東移民對浙東的影響還有一證明，《南齊書》卷二十九《周山圖傳》：「初，臨海亡命田流自號東海王，逃竄會稽鄞縣邊海山谷中，立屯營，分布要害，官軍不能討。明帝遣直後聞人襲說降之，授流龍驤將軍，流受命，將黨與出，行達海鹽，放兵大掠而反。是冬，殺鄞令耿猷，東境大震。六年，敕山圖將兵東屯峽口，廣設購募。流為其副暨鞏所殺，別帥杜連、梅洛生各擁眾自守。至明年，山圖分兵掩討，皆平之。」〔註19〕

　　臨海郡人田流，自稱東海王，在會稽郡鄞縣沿海山谷中，建立城堡。宋明帝派聞人襲招降田流，但是田流大掠海鹽縣，又殺鄞縣令。泰始六年（470年），周山圖率兵東征，田流為部下殺害。次年，周山圖平定田流餘部。田流崛起在劉宋初年，活躍在舟山群島，其實就是孫恩起事的延續。因為田是齊王之姓，是山東大族。

　　臨海郡在今台州及象山、寧海等地，山東移民很早就通過浙東北到了台州。臨海郡治所在的今台州章安鎮，出土東晉磚有銘文：「泰和四年八月一日冀州」與「兗州濟陽郡濟陽縣都鄉觀化里朱偉妻。」泰和即東晉海西公的年號太和，濟陽縣在今河南蘭考縣東北，緊鄰山東。

　　緊鄰章安之北的杜橋鎮出土古磚有文：「西晉元康四年明氏。」〔註20〕明氏是典型的山東姓氏，現在還集中分布在山東，今鄒平縣有明家集鎮。劉宋泰始年間，淮北淪陷，山東明氏再次大舉南遷。《南齊書‧高逸傳》說平原郡

〔註16〕〔梁〕沈約：《宋書》，第 905～906 頁。
〔註17〕〔梁〕沈約：《宋書》，第 959 頁。
〔註18〕〔梁〕沈約：《宋書》，第 962 頁。
〔註19〕〔梁〕蕭子顯撰：《南齊書》，第 541 頁。
〔註20〕彭連生主編：《杜橋志》，浙江人民出版社，2009 年，第 91 頁。

鬲縣（在今德州南）人明僧紹：「隱長廣郡嶗山，聚徒立學。淮北沒虜，乃南渡江。」其弟明慶符為青州刺史，僑置青州在鬱洲島。鬱洲島正是孫恩的海上基地，此時再次迎來大批山東難民，所以僑置青州、冀州。元康四年（294年）在晉惠帝時，說明山東人南遷浙東其實可以追溯到漢魏西晉時期。

很多山東人通過江浙，又南遷到福建沿海，對福建文化產生了重要影響。現在福建很多大姓是從山東通過海路南下，比如呂、孫、薛、顏、高、紀、池等。唐代久視元年（700年），因為南安縣人孫師業，訴稱赴州遙遠，又以南安、莆田、清源三縣置武榮州，睿宗景雲二年（711年）改名泉州，說明泉州的孫姓很重要。

張光宇指出，漢代的華北漢語，分為東西兩組，閩方言首先受到東部的青徐方言的影響。青徐人首先在六朝南遷到江南，再南遷到福建。閩語中的一些所謂吳語成分，其實是青徐話。〔註21〕

現在閩南語有的詞來自古代的山東，西漢揚雄《方言》卷十一說：

> 蚍蜉，齊魯之間謂之蚼蟓，西南梁益之間謂之玄蚼，燕謂之蛾蚌。其場謂之坻，或謂之蛭。〔註22〕

現在閩南語的螞蟻，稱為蚼蟓，來源是漢代的山東話，燕人謂之蛾蚌，郭璞注：「蛾養二音。」說明燕人所說的蛾養，接近蚼蟓。關於這一點，我在另文還有論證，本處不贅。

南宋初年，膠東又有很多人從海路南遷江浙，成為南宋海軍的重要來源，建炎四年（1130年）六月：「初，山東之陷，其士人多不降，有滄州人李齊聚眾沙門島，密州人徐文聚眾靈山寺，萊州人范溫聚眾福島，會河北忠義人，護送宗室士幹，泛海南歸，文劫之。至是，文自稱忠訓郎、權密州都巡檢使，其副宋穩，自稱忠翊郎、權兵馬監押，請以所部五千人、海舟百五十，泛海來歸，詔各進一官，赴行在。」紹興二年（1132年）八月辛亥：「樞密院統制范溫，以所部至東海軍，溫在萊州福島五年，至是食盡，遂與其徒二千六百餘人，泛海來歸，朝論嘉其忠，詔溫以舟師屯青龍鎮。」〔註23〕

南宋末年又有山東人李全佔據山東與江淮，一度想攻佔臨安（今杭州），

〔註21〕張光宇：《論閩方言的形成》，《中國語文》1996年第1期。

〔註22〕〔漢〕揚雄著、周祖謨校箋：《方言校箋》，第70頁。

〔註23〕〔宋〕李心傳編撰、胡坤點校：《建炎以來繫年要錄》卷三四，北京：中華書局，2013年，第739、1159頁。

在揚州敗亡，他的部隊也很依賴海上貿易，〔註24〕《宋史·李全傳》：「膠西當登、寧海之衝，百貨輻湊，（李）全使其兄福守之，為窟宅計。時互市始通，北人尤重南貨，價增十倍。全誘商人至山陽，以舟浮其貨而中分之，自淮轉海，達於膠西。福又具車輦之，而稅其半，然後從聽往諸郡貿易……有沈鐸者，鎮江武鋒卒也，亡命盜販山陽，誘致米商，斗米輒售數十倍，知楚州應純之償以玉貨，北人至者輒舍之。又說純之以歸銅錢為名，弛度淮之禁，來者莫可遏。」李全想滅亡南宋，最終敗亡，又與東晉末年的孫恩極為類似。

山東蓬萊古船館的元代古船

孫恩雖然失敗，但是太平道在江南沿海一直傳承，錢塘杜氏等家族在南朝仍然是五斗米道世家。太平道的經書都是在海路被南朝重新發掘，《三洞珠囊》卷一引《道學傳》卷十五：

　　　　桓闓，字彥舒，東海丹徒人也。梁初，崑崙山渚平沙中有三古

〔註24〕傅衣凌：《宋元之際江淮海商考》，原載《財政知識》第4卷第1期，1943年，收入《傅衣凌治史五十年文編》，北京：中華書局，2007年。

> 漆筒，内有黃素寫干君所出《太平經》三部。村人驚異，廣於經所
> 起靜供養，閏因就村人求分一部，還都供養，先呈陶君，陶君云：「此
> 眞幹君古本。」

丹徒在長江入海口，是海路往來要衝。或許確實是從海船沉入水中，而不是來自附近居民僞造。

陳朝時，從海邊的山中發掘出《太平經》，唐代孟安排所編《道教義樞》卷二《七部義》說：

> 近人相傳海嵎山石函内有此經，自宋、梁以來，求者不得，往
> 取輒值風雨冥暗，雷電激揚。至於陳祚初開，屢求弗獲，陳宣帝雅
> 好道法，乃屈周智響法師往取此經。法師至山，清齋七日未取，頃
> 之雲霧幽晦，法師聳慮纏至天光朗然，乃命從人開函取經。時數十
> 許人開不能得，法師暫用手扶，豁然而啓，因得此經，請還臺城。

這個故事的本質是證明太平道在沿海還在秘密流傳，陳朝國力弱小，不能和梁朝相比，更需要道教來凝聚人心。

孫恩失敗後，太平道似乎仍然在膠東半島有很大勢力，《宋書》卷六十五《申恬傳》末說：

> 清河崔諲，亦以將吏見知高祖，永初末，爲振威將軍、東萊太
> 守。少帝初，亡命司馬靈期、司馬順之千餘人圍東萊，諲擊之，斬
> 靈期等三十級。太祖元嘉中，至青州刺史。

從司馬靈期的名字可知是道教徒，東萊郡在膠東半島，這場戰亂很可能源自太平道。或許就是孫恩餘部北上，經過一段時間再起兵。

劉宋時期的山東半島仍然屬於南朝統治，《魏書》卷五七《崔挺傳》說：「掖縣有人，年逾九十，板輿造州。自稱少曾充使林邑，得一美玉，方尺四寸，甚有光彩，藏之海島，垂六十歲。忻逢明治，今願奉之。」掖縣在山東萊州，這個老人原是南朝人，劉宋泰始二年（466年）山東才被北魏佔領，南朝出使南洋的也有山東人。

第十章　道教服食與海外珍品

　　道士一直關注服食海外珍品，很多物品比較容易理解，現在也變得常見。如陶弘景《名醫別錄》所說南海沉香、東海牡蠣、魁蛤、石決明、鮑魚、南海檳榔、東海海藻、昆布（海帶）、婆律國（在今蘇門答臘島西北部）龍腦香、膏香（龍涎香）、東海海蛤、烏賊魚骨、東海貝子、南海鮫魚（鯊魚）皮、安石榴等，本文不再贅述。馮漢鏞曾經指出，《抱朴子·仙藥》說：「肉芝者，謂萬歲蟾蜍，頭上有角，頷下有丹書八字再重。」這是東南亞的角蛙。 [註1]還有一些來自海外的珍品，前人不太注意，未能辨識，下文考證幾種前人未能考證出的道士服食海外珍品。

一、葛洪記載的海星、鮑魚、江獺

　　葛洪《抱朴子》卷十一《仙藥》說：

　　　　石芝者，石象芝，生於海隅名山，及島嶼之涯有積石者。其狀如肉象，有頭尾四足者，良似生物也，附於大石，喜在高岫嶮峻之地，或卻著仰綴也。赤者如珊瑚，白者如截肪，黑者如澤漆，青者如翠羽，黃者如紫金，而皆光明洞徹如堅冰也。晦夜去之三百步，便望見其光矣。大者十餘斤，小者三四斤，非久齋至精，及佩老子入山靈寶五符，亦不能得見此草也。凡見諸芝，且先以開山卻害符置其上，則不得復隱蔽化去矣。徐徐擇王相之日，設醮祭以酒脯，祈而取之，皆從日下禹步閉氣而往也。又若得石象芝，搗之三萬六千杵，服方寸七，日三，盡一斤，則得千歲。十斤，則萬歲。亦可

〔註 1〕馮漢鏞：《葛洪曾去印支考》，《文史》第 39 輯，1994 年，第 59 頁。

分人服也……

> 七明九光芝，皆石也，生臨水之高山石崖之間，狀如盤椀，不
> 過徑尺以還，有莖帶連綴之，起三四寸，有七孔者，名七明，九孔
> 者，名九光，光皆如星，百餘步內，夜皆望見其光，其光自別，可
> 散不可合也。常以秋分伺之得之，搗服方寸匕，入口則翕然身熱，
> 五味甘美，盡一斤則得千歲，令人身有光，所居暗地如月，可以夜
> 視也。

這兩種海產品，第一種是石芝，又名石象芝，像人的樣子，其實就是海
星，海星一般是五星形，正像人的頭和四肢。海星的顏色很多，所以葛洪說
有黑、白、紅、黃、綠多種顏色。海星比較硬，曬乾更硬。海星可以食用，
現代醫學認為海星的藥用主要是治療胃病、十二指腸潰瘍等。古人因為海星
難得，所以誇張說海星能讓人長生不老。《海內十洲記》說滄海島產石象芝，
上文根據陶弘景《真誥》，考證滄海島在澎湖列島。

中國古籍中很少提到海星，我發現一則記載，《太平廣記》卷四百六十七
引南唐徐鉉的《稽神錄》一則是：

> 近有海上人，於魚腹中得一物，是人一手，而掌中有面，七竅
> 皆具，能動而不能語。傳玩久之，或曰：「此神物也，不當殺之。」
> 其人乃放置水上，此物浮水而去，可數十步，忽大笑數聲，躍沒於
> 水。

這個故事說，海邊有人在魚腹中抓到一個物體，是一個人的手掌，掌上
還有人臉，有七竅。放到水裏，居然浮水而去。這裡寫到在海中捕獲人的手
掌當然是不可能的，所謂掌上有人臉也是訛傳，因為捕魚人看到掌上有七竅，
所以訛傳為有人臉。

我初讀到這則記載，也以為這只不過是小說。但是轉而一想，《稽神錄》
此書的很多作品都有實際根據，雖然是傳聞，但是絕非徐鉉本人杜撰。所以
此條記載也一定有原型，忽然悟出這是中國古代對海星的最早記載。因為海
星像人的手掌，所以被訛傳為抓到一個人手掌。海星是動物，確實有口，有
腮，所以這裡說上面有七竅，說明古人觀察地很仔細。海星放回海裏，當然
會浮海而去。

說明直到唐宋時期，中國人仍然很少知曉海星，六朝時期更是如此，所
以海星才被道士看成珍品。

第二種七明九光芝，像盤碗，有莖連綴，不大，有的有七個孔，有的有九個孔，無疑是鮑魚。鮑魚正是一面有圓殼，像盤碗。鮑魚的肉黏在殼上，正是有莖連綴。鮑魚的個頭不大，有的有七個孔，有的有九個孔。又說在秋季捕捉，鮑魚正是秋季最佳。鮑魚是甲殼動物，古人得到的是乾貨，所以誤以為是石。《抱朴子》卷十四列舉道教經書，有《石芝圖》。

元代葉子奇《草木子》卷一下：「石決明，海中大螺也，生於南海崖石之上。海人泅水取之，乘其不知。用手一撈則得。苟其覺知，雖用斧鑿，亦不脫矣。」

鮑魚殼和海星

鮑魚營養價值很高，富含多種蛋白質、氨基酸和鈣、鐵、鋅、硒、鎂等微量元素，EPA、DHA、牛磺酸以及超氧化物歧化酶等生理活性物質含量豐富。鮑魚可以明目補虛、清熱滋陰、養血益胃、補肝腎，又名明目魚，所以葛洪說常吃可以夜視。鮑魚殼就是石決明，《名醫別錄》說生南海，其實渤海、東海就有。下文又說到鮑魚，不提二者關係。

葛洪《抱朴子》卷十一《仙藥》說：

> 風生獸似貂，青色，大如狸，生於南海大林中，張網取之，積薪數車以燒之，薪盡而此獸在灰中不然，其毛不焦，斫刺不入，打之如皮囊，以鐵鎚鍛其頭數十下乃死，死而張其口以向風，須臾便活而起走，以石上菖蒲塞其鼻即死。取其腦以和菊花服之，盡十斤，得五百歲也。

唐代杜佑《通典》卷一八八勃焚洲引《抱朴子》云：

> 勃焚洲在南海中，薰綠水膠所出。膠如楓脂矣，所以不可多得
> 者。止患猂〔犬屈〕獸啖人。此獸大者重十斤，狀如水獺，其頭身
> 及他處了無毛，唯從鼻上以竟脊至尾上有毛，廣一寸許，青毛長三
> 四分許，其無毛處則如韋囊。人張捕得之，斬刺不傷，積薪烈火，
> 縛以投火中，薪盡而此獸不焦。須以大杖打之，皮不傷而骨碎都盡，
> 乃死耳。

風生獸應是江獺，水獺亞科江獺屬，分布在南亞、東南亞及中國華南。江獺性情兇猛，有時咬人。貌似水獺而稍大，毛短，在海岸生活，又名鹹水獺。勃焚洲即六朝的盤盤國，應在今宋卡潟湖附近。

二、辟穀術與海南甘藷

道士辟穀之術源自中國邊疆民族，很多熱帶民族不以米麵為主食，而是以薯蕷為主食，而且很長壽，道士們在海上看到這種情況，也模仿辟穀。

晉代嵇含的《南方草木狀》說：

> 甘藷，蓋薯蕷之類，或曰芋之類。根葉亦如芋，實如拳，有大
> 如甌者。皮紫而肉白，蒸鬻食之，味如薯蕷。性不甚冷。舊珠崖之
> 地，海中之人皆不業耕稼，惟掘地種甘藷，秋熟收之，蒸曬切如米
> 粒，倉囷貯之，以充糧糒，是名藷糧。北方人至者，或盛具牛豕膾
> 炙，而末以甘藷薦之，若粳粟然。大抵南人二毛者，百無一二。惟
> 海中之人，壽百餘歲者，由不食五穀，而食甘藷故爾。

海南島人以甘藷為主食，多高壽。蘇軾《記海南風土》：「嶺南天氣卑濕，地氣蒸溽，而海南為甚。夏秋之交，物無不腐壞者。人非金石，其何能久？然儋耳頗有老人，年百歲者，往往而是。八九十者，不論也。」現在海南仍是中國的長壽之鄉，海南百歲老人比例居全國之首。

《山海經·海外南經》：

> 交脛國在其東，其為人交脛。一曰在穿匈東。

> 不死民在其東，其為人黑色，壽，不死。一曰在穿匈國東。〔註2〕

《海外南經》的另一個版本《大荒南經》說：

> 有不死之國，阿姓，甘木是食。〔註3〕

〔註 2〕袁珂校注：《山海經校注》，第 238 頁。
〔註 3〕袁珂校注：《山海經校注》，第 425 頁。

交脛即交趾，源自海上疍民長年在舟內盤坐，因而腳趾分開，雙腿彎曲，變成羅圈腿，所以說交股、交脛、交趾。福州人稱疍民爲曲蹄，《山海經・海外東經》記載東北的玄股國：「爲人衣魚，食鷗。使兩鳥夾之。」玄股即圓股，也即曲蹄。北美洲西北海岸的印地安人，長期生活在水上，世代在獨木舟中搖槳捕魚，因此上肢得到充分鍛鍊，變得十分粗壯，而下肢長期彎曲在舟內，出現一定退化。不少人的下肢還有嚴重畸形，有不少羅圈腿。〔註4〕《海外南經》說最東南海上的長臂國：「捕魚水中，兩手各操一魚。」〔註5〕也即張弘，張弘即長肱，即長臂，《大荒南經》：「海中有張弘之國，食魚，使四鳥。」〔註6〕

更有趣的是，《大荒南經》張弘之前一條是：

> 又有白水山，白水出焉，而生白淵，昆吾之師所浴也。〔註7〕

令人想到唐宋稱海上的疍民爲白水郎，越南沿海有疍民，《續漢書・郡國志》日南郡朱吾縣（在今越南），唐代李賢注引《交州記》說：

> 其民依海際居，不食米，止資魚。

這裡的人民就是典型的漁業民族，現在東南亞還有這種純粹的海上漁業民族，在菲律賓、馬來西亞、印度尼西亞交界海域，有一種巴瑤族（Bajau），世代生活在海上。這個民族甚至把小孩的耳膜刻意鑽破，雖然要流血，非常疼痛，休息一周，但是從此可以更好地在海中捕魚。

不死民在交趾之東，正是在海南島，所以《大荒南經》說不死民以甘木爲主食，正是對應海南人主要吃甘藷。

不死民，黑色，指黎族膚色較黑，北魏酈道元《水經注》卷三十六《溫水》引《林邑記》：

> 漢置九郡，儋耳與焉。民好徒跣，耳廣垂以爲飾，雖男女褻露，不以爲羞，暑褻薄日，自使人黑，積習成常，以黑爲美，《離騷》所謂玄國矣。然則儋耳即離耳也。

東漢楊孚《異物志》說儋耳夷：「食藷。」東晉郭璞注《山海經・海內南經》離耳國：「鎪離其耳，分令下垂以爲飾，即儋耳也，在朱崖海渚中。不食五穀，但噉蚌及諸蓂也。」〔註8〕

〔註4〕高小剛：《圖騰柱下》，北京：三聯書店，1997年，第49頁。
〔註5〕袁珂校注：《山海經校注》，第245頁。
〔註6〕袁珂校注：《山海經校注》，第435頁。
〔註7〕袁珂校注：《山海經校注》，第434頁。
〔註8〕袁珂校注：《山海經校注》，第318頁。

樂史《太平寰宇記》卷一百六十九儋州風俗：

> 尚文身，豪富文多，貧賤文少，但看文身多少，以別貴賤。觀
> 禽獸之產，識春秋之氣，占薯蕷之熟，紀天文之歲。〔註9〕

樂史此書，多是抄錄前代古書，所以此處說儋州人以薯蕷之熟紀年，也有更早記載。

宋代流放到崖州的盧多遜《水南村》詩云：

> 上籬薯蕷春添蔓，繞屋檳榔夏放花。

宋代蘇軾《記薯米》說：「海南以薯米為糧，幾米之十六。」又《聞子由瘦》詩云：「土人頓頓食薯蕷，薦以薰鼠燒蝙蝠。」

南宋趙汝括《諸蕃志》海南：

> 地多荒田，所種杭稌，不足於食，乃以諸芋雜米作粥糜，以取
> 飽，故俗以貿香為業。〔註10〕

元代范梈《水南暮雨》詩云：

> 明日買栽添薯蕷，早春荷鍤剪芙蓉。〔註11〕

嵇含是嵇康之孫，是葛洪好友，《晉書》卷七二《葛洪傳》：「洪見天下已亂，欲避地南土，乃參廣州刺史嵇含軍事。」嵇含的書中特別提到海南島人吃薯蕷長壽，說明道家很關心此事。

除了海南島，很多熱帶地方的人也很長壽，比如廣西很多地方和廣東三水等地，廣西是中國長壽之鄉最多的省。還有琉球群島，因為獨特的飲食結構、優越的自然環境和良好的生活習慣，也是著名長壽之鄉。古代道士觀察到這些地方的長壽現象，注重吸納這些地方人的優良習慣，為中原人提供了很好的借鑒。

三、象林縣桂父的桂皮、龜荅膏

劉向《列仙傳》卷上：

> 桂父者，象林人也。色黑，而時白、時黃、時赤。南海人，見
> 而尊事之。常服桂及葵，以龜腦和之。千丸，十斤桂，累世見之。
> 今荊州之南，尚有桂丸焉。

〔註9〕 〔宋〕樂史撰、王文楚等點校：《太平寰宇記》，第3233頁。
〔註10〕 〔宋〕趙汝适著、楊博文校釋：《諸蕃志校釋》，第216頁。
〔註11〕 萬曆《瓊州府志》卷十一下《藝文志》，第594頁。正德《瓊臺志》卷三十二記載范氏是元代海南海北廉訪司照磨，延祐間錄囚於瓊州。

　　桂父是象林縣人，象林縣在今越南會安，西漢屬日南郡，是漢朝最南部的一個縣。桂父膚色黑，很可能是當地土著。桂父用龜腦和藥，很可能是今龜苓膏的前身。龜苓膏清熱解毒，是熱帶良藥。茯苓是道士所說的五種芝草之首，所以龜苓膏和道教可能有關。唐代李吉甫《元和郡縣圖志》說潮州：「開元貢：蕉葛布、蚺蛇膽、鮫魚皮、甲香、靈龜散。」〔註12〕靈龜散很可能就是龜苓膏。

　　桂、葵，《藝文類聚》卷八九《木部下》說常服桂皮葉，前人認為是皮葉形近而誤為及葵。孫詒讓說《列仙傳》下文的讚語說：「靈葵內潤，丹桂外綏。」則是桂及葵，不是桂皮葉。我認為桂皮和葵不矛盾，《初學記》卷二十三引晉代裴淵《廣州記》：

　　　　桂父，常食桂葉，見知其神尊事之。一旦與鄉曲別，飄然入雲。

《藝文類聚》卷八十二引《列仙傳》：

　　　　丁次都，不知何許人，為遼東丁氏作人，丁氏常使買葵，冬得
　　生葵，問何得此葵，雲從日南買來。

　　這條印證日南郡的桂父食葵，也證明漢代南海和渤海就有密切往來，南方人在冬季把蔬菜運往北方，也促進了南北沿海道教交流。

　　桂父服桂皮葉，其實就是著名的桂皮，桂皮正是產在象林縣之南，古希臘地理學家托勒密的《地理志》說：

　　　　在 Imaos 山與 Bepyron 山之間，最北面的是 Takoraioi，其南是
　　　　Korandakaloi，再次是 Passadai，再次是 Maiandros 之外的 Piladai。
　　　　此地以 Saesadai 人聞名，他們是毛髮蓬亂的侏儒，有著大臉和白色
　　　　的皮膚。〔註13〕

　　Takoraioi 是 Takola，其南面的 Korandakaloi 應還原為馬來語 Kuala Takola，kuala 即河口，這是達瓜巴河口，也即拘利口，在今泰國南部。

　　歐洲漢學家注意到 Saesadai 人又作 Besadas、Basade、Bsade，也出現在同時代希臘作家的書中，約在西元 70 年成書的《厄立特里亞海航行記》說到中國邊境：

　　　　每年都有一群 Besatae 人聚集在中國邊境，他們個子矮，臉扁

〔註12〕〔唐〕李吉甫撰、賀次君點校：《元和郡縣圖志》，第 895 頁。
〔註13〕Paul Wheatley, *The Golden Khersonese: Studies in the Historical Geography of the Malay Peninsula before A.D. 1500*, Kuala Lumpur, University of Malaya Press, 1961, p.158.

平，外貌平和，完全未開化。他們攜妻帶子，手挽看似藤葉的筐袋。他們在故土和中國之間的地區聚集，把籮筐當成草席鋪在地上，宴會數日後離開。於是當地人出來收集他們稱爲 perri 的細絲，他們把葉子疊成多層並揉成球，把細絲從草席裏戳出，於是分成三種：大的樹葉做出的稱爲大球 malabathron，小的是中球 malabathron，最小的是小球 malabathron。這些是印度人很重要的調料。〔註14〕

這裏所說的 Besatae 人無疑是東南亞人，他們到中國邊境貿易 malabathron，即今 malabathrun，產自印度馬拉巴爾海岸的肉桂皮。5 世紀的 Palladius 引用底比斯（Thebes）的學者記載說：

我注意到很多印度人用小船去 Axum 貿易，我試圖深入到收集胡椒的 Bisades 人之中，他們是矮小衰弱的人，住在石洞裏。因爲自然環境導致他們適應攀爬峭壁，這樣他們才能收集到樹上的胡椒，這是一種灌木。Bisades 人有畸形的大頭，他們不剃鬚，有平直的頭髮。〔註15〕

Besatae 人即 Bisades 人，即托勒密所說的馬來半島居民。這裏的人善於攀岩，所以都盧國人在漢朝善於表演攀援雜技。他們有白色皮膚，和《通典》說拘利等四國人多白色皮膚吻合。我認爲這一帶是東西方人交融之地，大概混入中國人及印度人血統，所以皮膚較白。

Besatae 人即 Bisades 人，即托勒密地圖 Ambastes 河流域的 Ambastai 人，在今越南的平定省、廣義省。其南的 Bramma 城，我以爲就是在今越南的富安省的省會綏和，因爲地處巴江口，Bramma 和巴江地名同源。

我認爲，這個民族就是中國古書記載的西屠人，西屠是 ambaste 末尾兩個音節的音譯。上古音的西屠是 sai-da，讀音極近。前面的 a 可能是轉寫增加的讀音，或者是翻譯省略的讀音，臺灣的泰雅族 Tayal 又名 Atayal。

西屠緊鄰漢朝境外，《太平御覽》卷七百九十引《異物志》曰：「西屠國在海外，以草漆齒，用白作黑，一染則歷年不復變。一號黑齒。」又引《交州以南外國傳》曰：「有銅柱表，爲漢之南極界，左右十餘小國，悉屬西屠。有夷民，所在二千餘家。」又引《外國傳》曰：「從西圖，南去百餘里到波遼，十餘國皆在海邊。從波遼國南去，乘船可三千里，到屈都乾國地。有人民可二千餘家，皆曰朱吾縣民，叛居其中。」

〔註14〕Paul Wheatley, *The Golden Khersonese*, p.131.
〔註15〕Paul Wheatley, *The Golden Khersonese*, p.134.

　　西屠國是漢朝邊界外的一個稍大的小國，漢朝最南部的象林縣在今會安，則西屠國在今越南的廣南省之南。

　　桂皮正是產自象林縣之南的西屠國（Ambastai），象林縣是漢朝最南部的一個縣，所以象林縣人桂父是把桂皮賣到漢地的商人，故名桂父。

　　道教的書記載了如此偏遠的人，說明道士的視野非常開闊。西屠其實已經在漢朝邊界之外，說明道士一直非常關注域外。《漢書‧地理志》記載中國到印度的航路，開頭就說：「自日南障塞、徐聞、合浦船行。」上古從中國到印度的航路必須先沿海岸航行，所以出了日南郡的邊塞，第一站就是西屠國。道士的書關注西屠國，也證明了道教一直關注海外航路。

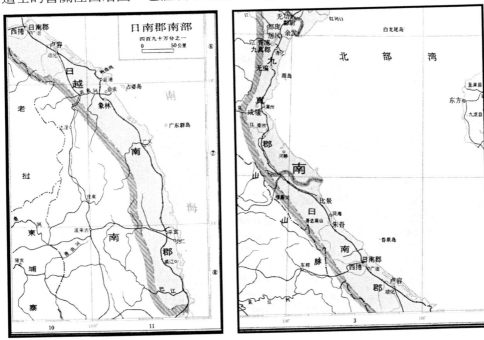

西漢日南郡南部與北部地圖〔註16〕

〔註16〕譚其驤主編：《中國歷史地圖集》第二冊，第35、36頁。

結論：回顧與展望

前秦王嘉的《拾遺記》記載的上古東南海外五大神山，應該是來自漢代燕齊方士。齊地和魯地的文化差異本來很大，特別是齊地東部的膠東半島，本來是東夷，文化上接近吳越，擅長航海。但是在漢代，齊魯文化差異迅速縮小，主要是魯地的儒家文化影響齊地。《漢書・地理志》說：「漢興以來，魯、東海多至卿相。」儒家思想從齊魯的西部持續向東推進，東漢的大儒鄭玄是高密人，已經在膠東半島的邊緣了。齊地的儒家越來越多，道教的影響自然逐漸降低。雖然直到晚近，膠東半島的道教勢力仍然很大，還在金代的產生了全真派。

但是這裡的道士和海洋的關係越來越遠，所以上古膠東的海外地理學未能傳承。丘處機跋涉萬里，到達今阿富汗境內，見成吉思汗，留有《長春真人西遊記》。南宋是東南沿海覆滅，丘處機自然不必航海。

唐代也有膠東人航海求仙，《太平廣記》卷四引《廣異記》：

> 唐開元中，有士人，患半身枯黑。御醫張尚容等不能知，其人聚族，言曰：「形體如是，寧可久耶？聞大海中有神仙，正當求仙方，可愈此疾。」宗族留之不可，因與侍者，賚糧至登州大海側，遇空舟，乃賚所攜，掛帆隨風。可行十餘日，近一孤島，島上有數百人，如朝謁狀。須臾至岸，岸側有婦人洗藥，因問彼皆何者。婦人指云：「中心床坐，鬢鬚白者，徐君也。」又問徐君是誰，婦人云：「君知秦始皇時徐福耶？」曰：「知之。」「此則是也。」頃之，眾各散去，某遂登岸致謁，具語始末，求其醫理。徐君曰：「汝之疾，遇我即生。」初以美飯哺之，器物皆奇小，某嫌其薄。君云：「能盡此，為再饗也，但恐不盡爾。」某連啖之，如數甌物致飽。而飲亦以一小器盛酒，

飲之致醉。翌日，以黑藥數丸令食，食訖，痢黑汁數升，其疾乃愈。某求住奉事。徐君云：「爾有祿位，未宜即留，當以東風相送，無愁歸路遙也。」復與黃藥一袋，云：「此藥善治一切病，還遇疾者，可以刀圭飲之。」某還，數日至登川，以藥奏聞。時玄宗令有疾者服之，皆愈。

這個故事帶有神話意味，徐福不可能活到唐代。唐代的朝鮮半島、日本列島，不會還有徐福的國家。雖然提到登州，但是唐代民間記載登州航海之事不多。而且故事中說因為病重才航海，而不是原來崇奉道教。

因為上古的燕齊海外地理學未能傳承，所以東漢到曹魏產生的《十洲記》記載的海外地名出現較大變化，我發現，《十洲記》的作者是福建人。此時的海外探索中心南移到了浙閩，六朝很多著名道士來往於閩浙沿海。六朝到唐代形成的洞天福地，最集中的地方是江西和浙閩沿海。

但是到了唐代，浙閩沿海道教勢力並未崛起，反而相對衰落。因為南朝覆滅，江東世家大族集團消亡，道教也受到很大打擊。唐代海上絲綢之路地位提高，東南沿海的佛教、伊斯蘭教、摩尼教、基督教等宗教紛紛從西方傳入，道教的勢力相對削弱。唐代之後，南方的道教中心在龍虎山，因為不在海邊，也影響了道教在沿海的發展。

有人認為唐代道教轉而屈服於政權，原來領民的治、方變成了想像的洞天福地。〔註1〕我認為此說未必合理，反抗過朝廷的太平道，不能代表道教的全部派別。唐代的其他宗教勢力也沒有發起大規模的反抗，所以屈服不是道教的專有特色。六朝的著名道士葛洪、陶弘景、陸修靜等人都和最高統治者關係密切，葛洪位居關內侯，陶弘景被稱為山中宰相，所以唐代道教和皇帝關係密切實在不算是轉變。有學者指出，道教一直存在分層，不是所有教派都得到朝廷認可，不能簡單地說道教走向屈服。〔註2〕唐宋時期是歷史上很特殊的崇尚道教的時期，李唐皇室以老子聖裔自居，北宋則有宋徽宗自稱道君。既然統治者尊崇道教，道教也就沒有理由再去爭奪政權。所以從另一個角度來看，不是道教在政治上屈服於統治者，而是統治者在文化上屈服於道教。相對於元明清道教的衰弱，唐宋仍然是道教的繁盛期。這種宗教和政治和平

〔註1〕葛兆光：《屈服史及其他：六朝隋唐道教的思想史研究》，北京：三聯書店，2003年。
〔註2〕孫向中：《讀葛兆光著〈屈服史及其他〉》，《史學月刊》2008年第1期。

相處的局面，類似道家所謂的陰陽平衡，甚至不必說誰屈服誰。

洞天福地不是唐朝才出現，六朝時期早已有洞天福地。洞天福地也不是出自想像，而是有現實基礎。過去很多人批判六朝江東道教是貴族道教，我認爲這是看到了其一方面，而忽視了東南道教本來有深厚的傳統，因爲東南沿海特殊的自然環境和海外交通，這裡的道教重視金丹和草藥，而不像北方的太平道那樣重視符水。因爲他們更加貼近自然，平時一直在尋仙訪藥、煉丹航海，所以不太追求建立政權。

唐代顧況《仙遊記》說：

> 溫州人李庭等，大曆六年，入山斫樹，迷不知路，逢見漈水。漈水者，東越方言以掛泉爲漈。中有人煙雞犬之候，尋聲渡水，忽到一處，約在甌、閩之間，雲古莽然之墟，有好田、泉、竹、果、藥，連棟架險，三百餘家。四面高山，回還深映。有象耕雁耘，人甚知禮，野鳥名鴿，飛行似鶴。人舍中唯祭得殺，無故不得殺之，殺則地震。有一老人，爲眾所伏，容貌甚和，歲收數百匹布，以備寒暑。乍見外人，亦甚驚異。問所從來、袁晁賊平未、時政何若？具以實告。因曰：願來就居得否？云此間地窄，不足以容。爲致飲食，申以主敬。既而辭行，斫樹記道。還家，及復前蹤，群山萬首，不可尋省。

這也是一個桃花源故事，唐宋時期，在浙閩之間的高山中，還有這樣與世隔絕的村落，上古六朝則更多。這樣的村落，很接近老子所說的小國寡民。道士在東南山間能看到這樣的村落，所以洞天福地不是出自想像。

葛洪《抱朴子·金丹》說：

> 余師鄭君者，則余從祖仙公之弟子也，又於從祖受之，而家貧無用買藥。余親事之，灑掃積久，乃於馬跡山中立壇盟受之，並諸口訣訣之不書者。江東先無此書，書出於左元放，元放以授余從祖，從祖以授鄭君，鄭君以授余，故他道士了無知者也。然余受之已二十餘年矣，資無擔石，無以爲之，但有長歎耳。有積金盈櫃，聚錢如山者，復不知有此不死之法。

葛洪說得很清楚，他的師傅鄭隱，家貧沒錢買藥。葛洪得到經書，想煉丹又缺錢。葛洪尚且如此，大量道士更不是出身貴族家庭。所以我們不能把東南道教的金丹派特色歸於階級原因，更應該看到地理原因。

　　道教確實在唐代發生重大轉折，表現在唐代人改造的洞天福地，把原本非常靠前的崑崙、蓬萊、瀛州、方丈、滄浪、白山、八停刪除，其中又基本是東南海外仙山。謝自然從海外仙山回到司馬承禎門下的故事，反映了唐代道士疏遠航海的發展趨勢。

　　正是因爲唐代道士轉向內陸，不再關心航海，所以唐代之前道士在東南海外探險的歷史逐漸爲人遺忘。一直要到今天，才被我系統地發掘出來。所以我們與其說唐代道教走向屈服，不如說走向內陸。

　　唐長孺早已指出，南朝道教轉折的關鍵人物是陸修靜和顧歡，陸修靜吸納佛教思想，創建三世說。〔註3〕小林正美的研究可謂是對唐長孺之說的發揚光大，他提出道教正式出現在劉宋，關鍵人物是陸修靜創建三天說，按三洞統合道書。〔註4〕他認爲前人誤以爲唐代道教還有上清、靈寶、洞神、高玄等派，其實唐代道教僅有天師道。〔註5〕

　　我認爲這個發現至關重要，雖然漢代也有符水派的道士到海外，但是推動航海的道士主要來自金丹派。因爲服食、煉丹更需要各種海外珍品，需要海外仙境。天師道產生於華北，本來深受儒家思想影響，南朝時期又吸納了佛教思想，促進道教最終建立。南朝天師道改革的主導者陸修靜是吳郡東遷縣（今湖州）人，靠近五斗米道世家杜氏所在的錢塘（今杭州）、孔氏的家鄉山陰縣（今紹興）、顧歡的家鄉鹽官縣（今海寧鹽官鎮）。這一帶的天師道勢力很大，《雲笈七籤》卷一一引《洞仙傳》說杜昺（杜子恭）有常從弟子三百、米戶數萬。

　　南朝時期，士族走向腐朽。侯景之亂是南朝盛極而衰的轉折點，士族瓦解，顏之推說：「中原冠帶，隨晉渡江者百家……至是在都者，覆滅略盡。」〔註6〕顏之推說蕭梁士大夫：「及侯景之亂，膚脆骨柔，不堪行步，體羸氣弱，不耐寒暑，坐死倉猝者，往往而然。」建康縣令王復看見馬，以爲是老虎。因此吸納了儒、佛思想的天師道，更適應南朝士族的需求。

　　南朝的道教路線轉折影響了唐代道教，這也是唐朝文化南朝化的一個表現。所以《太平御覽》引《眞誥》已經把海外仙山單獨列爲一種洞天，而不

〔註3〕唐長孺：《太平道與天師道》，《山居存稿續編》，第193、200頁。
〔註4〕〔日〕小林正美著、李慶譯：《六朝道教史研究》，四川人民出版社，2001年。
〔註5〕〔日〕小林正美著、王皓月、李之美譯：《唐代的道教與天師道》，齊魯書社，2013年。
〔註6〕〔唐〕李百藥：《北齊書》，北京：中華書局，1972年，第621頁。

在三十六洞天之內，唐代洞天福地徹底刪除海外仙山，在南朝已有端倪。所以唐代道教走向高層，其實是南朝路線的延續，不是唐代才出現。

到了宋代，因為理學的推廣，絕大多數儒生更缺乏海外探險的樂趣，不談怪力亂神，不研究神鬼，不關心生死。道教的煉丹術也轉向身體上的內丹，這也使得道教在海外探險上的成就急劇衰退。

沈括被譽為北宋的著名科學家，他的名著《夢溪筆談》卷二十二說：「段成式《酉陽雜俎》記事多誕，其間敘草木異物，尤多謬妄，率記異國所出，欲無根柢。」唐代段成式的《酉陽雜俎》是一部非常重要的典籍，最大的特色是記載了很多來自外國的植物，是勞費爾等人研究中外生物交流的最重要資料。但是沈括無端指責段成式，反映宋代人非常保守。

道教是中國歷史上最溫和的宗教，雖然有張角、孫恩兩次戰亂，但是張角、孫恩代表的是道教之中的極端一派，並不是道教的主流。張魯雖然在漢中主政，但是他投降曹操，保全一方和平。宋代方臘利用摩尼教起兵，宋元穆斯林在泉州起兵，元代紅巾軍利用白蓮教起兵，清代洪秀全利用基督教起兵，這些宗教對戰亂的影響比道教大得多，很多導致朝代更迭。道教在東晉之後未參與發動大的戰亂，而其他宗教則不然。

雖然道教如此溫和，但是清朝皇帝仍然明顯貶低道教，民國政府更明令搗毀很多廟宇。〔註7〕而明清兩朝的長期海禁對中國航海事業的打擊很大，此時道教更不能像上古時期那樣促進航海事業的發展。

當然，也不可能一概而論。元代龍虎山的著名道士朱思本繪製了大地圖《輿地圖》，現在雖然失傳，但是很多人懷疑其中有海外部分。道教影響了東南沿海的很多民間信仰，甚至可以把這些民間信仰納入道教的體系，這些民間信仰與航海的關係極為密切，比如媽祖、臨水夫人等信仰。海外華僑仍然傳承道教，這些都說明道教仍然與海上絲綢之路有廣泛聯繫。因為很多民間信仰產生的時間較晚，而且比較特殊，不屬於本書的主要研究內容，前人已有不少研究，〔註8〕所以本書不專門討論，留待未來的專著再說。

即便不討論晚近的東南沿海民間信仰對航海的影響，光是本書研究的內容，足以給我們很大震撼。道教對早期航海的巨大促進作用，促使我們反思宗教和科學的關係。宗教對科學也有促進作用，反而是儒家思想深刻地抑制

〔註7〕施舟人：《道教在近代中國的變遷》，《中國文化基因庫》，第146～157頁。
〔註8〕王巧玲：《海洋文化的信仰淵源探究》，中國社會科學出版社，2015年。

科學的發展。所以現在很多中國人對道教的鄙夷，不僅有來自現代科學的因素，而且夾雜很多來自儒家思想的因素。

道教對航海的促進史，對我們今天的生活也有很多啓發。古代道士重視從海洋生物中尋找藥材，從海外探索中獲取樂趣，從文化交流中思考哲學，值得現代人借鑒。道士書中的豐富臺灣文獻，證明中國大陸和臺灣自古以來交流密切，臺灣絕不是隔絕在中國之外的地方。道士書中記載的海外仙山，很多地方現在還有美麗的風景，甚至仍然是著名景點，古代道士的瑰麗描述對我們今天的旅遊發展有重要價值。

當然，其中最重要的作用，還是改變我們的觀念。希望大家讀了我的這本書，不要再輕易斥責宗教阻礙科技的發展，不要再誤以爲道教阻礙文化的交流。道教追求通達，藝術和科技沒有絕對的區分，文學和歷史沒有嚴格的界限，過去和未來沒有鮮明的隔斷。歷史發展是一個持續的進程，上古人也可以瞭解到世界的廣闊，東方人早已知曉海洋的廣闊，不是到了葡萄牙人、西班牙人航海才有所謂的地理大發現。

宇宙萬物包括各民族、各文化、各宗教，都有共通之處。老子說：「萬物負陰而抱陽，沖氣以爲和。」沖就是交衝，也即融合，所以最終達到和諧。

後　記

　　2012 年春，我在廈門大學歷史學系開設了中外海上交通史的課程，形成我在 2015 年出版的《中國南洋古代交通史》。其中涉及臺灣史的內容，形成我在 2016 年出版的《正說臺灣古史》。我在 2015 年終於從我看了多年的《拾遺記》中發現，其中卷十記載的海外五大神山的真相，寫成《上古東南海外五大神山考實》，在《海交史研究》2016 年第 1 期發表。我又仔細檢閱《漢魏六朝筆記小說大觀》收錄的其他古籍，發現《漢武帝別國洞冥記》的真相，寫成《漢武別國考》，在 2017 年的《暨南史學》第 13 輯發表。我在《中國南洋古代交通史》中已經考證了《神異經》的部分內容，至此又補充考證《神異經》很多內容。又考證出《西京雜記》、《拾遺記》、《博物志》、《南方草木狀》、《太清金液神丹經》、《十洲記》的很多內容。

　　本書第九章，以《六朝山東人航海南遷舟山考》為名，在 2017 年 7 月 11 日的寧波中國航海日行舟致遠航海文化論壇發表。本書第六章，以《浙東的洞天福地與海外航路》為名，在《中國港口》2018 年增刊（中國港口博物館館刊）第 1 期發表。本書第四章，以《漢代道士航海史鉤沉》為名，在《中國港口》2019 年增刊（中國港口博物館館刊）第 1 期發表。本書第三章第二到第七節，以《漢晉道士雜記中的中外交流史料考》為名，在《中國港口》2019 年增刊（中國港口博物館館刊）第 2 期發表。本書第七章，在 2018 年 8 月 16 日上海中國航海博物館第七屆國際學術研討會「絲路和絃：全球化視野下的中國航海歷史與文化」發表，收錄於 2019 年復旦大學出版社出版的會議論文集。本書第八章，主要源自於我 2010 年在復旦大學的博士論文《蘇皖歷史文化地理研究》第三章的部分內容，第三節源自我的《碣石到南京的方士航路》，2018 年 11 月 16～19 日在南京大學主辦的「文獻記載與考古發現：海

上絲綢之路的新探索」學術研討會發表，全文將在《元史及民族與邊疆研究集刊》發表。

2017 年 11 月 23 日，我應邀在江西師範高等專科學校，作「江西道教與絲綢之路」講座。2018 年 4 月 3 日，我應邀在江西師範高等專科學校，作「道教與臺灣航路的開闢」講座。江西師範高等專科學校靠近龍虎山，我考察了龍虎山和華泉小鎮。我在 2018 年春，已經完成此書的寫作。江西師範高等專科學校的道文化研究所本來計劃資助出版此書，並且請我把書稿給北京中華書局的編輯，但是在 2018 年 9 月因故作罷。

本書題爲《道士開闢海上絲綢之路》，主要是爲了強調宗教對航海的巨大推動作用。

感謝寧波中國港口博物館、上海中國航海博物館、泉州海外交通史博物館在各館的學術刊物多次刊登拙文，感謝本科南京大學歷史學系的老師們一直幫助我。感謝德國慕尼黑大學的 Roderich Patak 教授 2017 年邀請我去慕尼黑參加學術會議，並給我寶貴的意見，促進我修改了部分觀點。感謝錢江先生的幫助，感謝浙江臨海彭連生先生提供的台州資料和圖片。感謝我的家人多年支持我，感謝花木蘭事業有限公司多次幫我出版著作。

周運中 2019 年 9 月於廈門